マンガで小学《しょうがく》国語力《こくごりょく》アップ

現役小学校教諭《げんえきしょうがっこうきょうゆ》・樗木《おおてき》　厚《あつし》（文《ぶん》・絵《え》）

はじめに

文部科学省《もんぶかがくしょう》は、全《すべ》ての教科《きょうか》・領域《りょういき》において「国語力《こくごりょく》（読《よ》む・聞《き》く・話《はな》す・書《か》く）」を養《やしな》うように指導《しどう》しています。

例《たと》えば、理科《りか》であれば「予想《よそう》」「結果《けっか》」「考察《こうさつ》」は必《かなら》ず自分《じぶん》で考《かんが》えた文章《ぶんしょう》で書《か》くことです。

つまり「国語力《こくごりょく》」は、全《すべ》ての学習《がくしゅう》に通《つう》じると言《い》えるでしょう。それほどに、大切《たいせつ》な力《ちから》なのです。

私《わたし》は長年《ながねん》「国語力向上《こくごりょくこうじょう》」のため、各学年《かくがくねん》で日常的《にちじょうてき》に「五行詩《ごぎょうし》・川柳《せんりゅう》・俳句《はいく》・短歌《たんか》・作文《さくぶん》・ＮＩＥ」などの長所《ちょうしょ》を生《い》かしマンガ教材《きょうざい》で授業《じゅぎょう》してきました。

俳句《はいく》を知《し》らない児童《じどう》には、まずは理解《りかい》しやすい「五行詩《ごぎょうし》」から始《はじ》めます。

そして最後《さいご》に文章力《ぶんしょうりょく》・構成力《こうせいりょく》を育《そだ》てる「ＮＩＥ」（教育《きょういく》に新聞《しんぶん》を）による新聞作《しんぶんづく》りの授業《じゅぎょう》をするのです。

このマンガ教材《きょうざい》を日々《ひび》繰《く》り返《かえ》し学習《がくしゅう》することで、学力《がくりょく》の基礎《きそ》（読解力《どっかいりょく》・文章力《ぶんしょうりょく》）が身《み》につきます。

そして学力《がくりょく》が向上《こうじょう》するだけでなく、心《こころ》の教育《きょういく》にもなります。

国語《こくご》の学習《がくしゅう》では、創作活動《そうさくかつどう》やコミュニケーション作《づく》りも大切《たいせつ》です。

まさにこれが「情操教育《じょうそうきょういく》」なのです。一朝一夕《いっちょういっせき》には身《み》につかない力《ちから》だからこそ、大人《おとな》になっても苦労《くろう》します。

このように、「五行詩《ごぎょうし》・川柳《せんりゅう》・俳句《はいく》・短歌《たんか》・作文《さくぶん》・ＮＩＥ」は、大切《たいせつ》な国語力《こくごりょく》をつける教育《きょういく》（授業《じゅぎょう》）だと言《い》えます。

また、日々《ひび》の暮《く》らしの中《なか》で、自然《しぜん》や生《い》き物《もの》をよく観察《かんさつ》することも肝心《かんじん》です。「今朝《けさ》は風《かぜ》が甘《あま》い香《かお》りだ」「池《いけ》の水《みず》は、濃《こ》い緑《みどり》なのに透《す》き通《とお》って見《み》える」など、創作《そうさく》の材料《ざいりょう》を探《さが》して生活《せいかつ》することです。自分《じぶん》で発見《はっけん》し、自分《じぶん》の言葉《ことば》で書《か》くことで、表現力《ひょうげんりょく》が高《たか》まります。良《よ》い作品《さくひん》を残《のこ》すことで達成感《たっせいかん》も味《あじ》わえます。それが、自信《じしん》にも繋《つな》がるのです。

さあ、マンガで楽《たの》しく心《こころ》と学力《がくりょく》を育《そだ》てましょう。学校《がっこう》で親子《おやこ》で、レッツ・チャレンジ！

本書《ほんしょ》の使《つか》い方《かた》

使《つか》い方《かた》は自由《じゆう》!!
参考書《さんこうしょ》として
入門書《にゅうもんしょ》として
NIE資料《しりょう》として
もちろんマンガとしても
楽《たの》しく読《よ》んでね♡
コピーを取《と》って投句《とうく》にも使《つか》うのだ。
付録《ふろく》マンガでぼくのことも知《し》ってくださいね。

※営利目的《えいりもくてき》でのコピーはご遠慮《えんりょ》ください。

私《わたし》たちが案内《あんない》します！

各学年《かくがくねん》「学習《がくしゅう》の目安《めやす》」

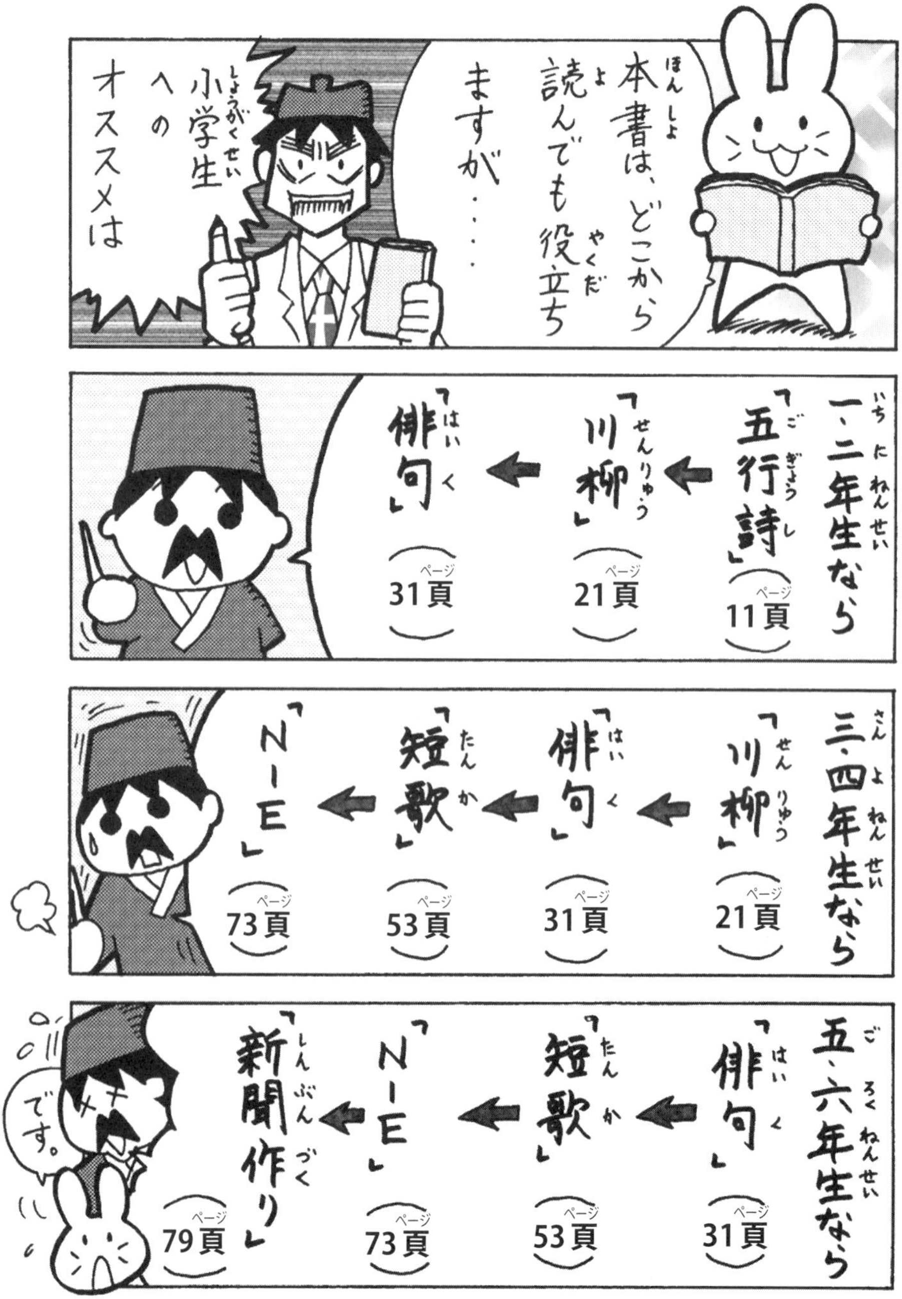

本書《ほんしょ》は、どこから読《よ》んでも役立《やくだ》ちますが・・・・
小学生《しょうがくせい》へのオススメは
一《いち》・二《に》年生《ねんせい》なら
「五行詩《ごぎょうし》」（11頁《ページ》）
「川柳《せんりゅう》」（21頁《ページ》）
「俳句《はいく》」（31頁《ページ》）
三《さん》・四《よ》年生《ねんせい》なら
「川柳《せんりゅう》」（21頁《ページ》）
「俳句《はいく》」（31頁《ページ》）
「短歌《たんか》」（53頁《ページ》）
「NIE」（73頁《ページ》）
五《ご》、六《ろく》年生《ねんせい》なら
「俳句《はいく》」（31頁《ページ》）
「短歌《たんか》」（53頁《ページ》）
「NIE」（73頁《ページ》）
「新聞作《しんぶんづく》り」（79頁《ページ》）
です。

目次《もくじ》

五行詩《ごぎょうし》

12頁《ページ》～19頁《ページ》を、まず読《よ》もう！

《五行詩《ごぎょうし》とは》

児童《じどう》にアンケートを取《と》ると、過半数《かはんすう》が「自分《じぶん》は作文《さくぶん》が苦手《にがて》だ」と回答《かいとう》します。しかし「自分《じぶん》ができる」ことに気《き》づいていないだけの場合《ばあい》が多《おお》いのです。

そこで、「たった五行《ごぎょう》で作品《さくひん》ができる」という便利《べんり》なツールから紹介《しょうかい》しましょう。

もとは「五行歌《ごぎょうか》」とも呼《よ》ばれていましたが、現在《げんざい》は「五行詩《ごぎょうし》」の呼称《こしょう》の方《ほう》が浸透《しんとう》している感《かん》があります。

五行詩《ごぎょうし》の基本《きほん》は「五行《ごぎょう》であること以外《いがい》は、全《すべ》て自由《じゆう》」です。

この自由《じゆう》さが、作文《さくぶん》の入門編《にゅうもんへん》として便利《べんり》なのです。長《なが》さも、句読点《くとうてん》も気《き》にしません。国語《こくご》が苦手《にがて》だと思《おも》っている児童《じどう》も、簡単《かんたん》に作品作《さくひんづく》りができます。

作文《さくぶん》が苦手《にがて》なら、一文字《ひともじ》ずつの五行《ごぎょう》でＯＫ。長《なが》く書《か》きたい人《ひと》は、作文《さくぶん》のように一行《いちぎょう》が長《なが》くても良《よ》いのです。個性《こせい》に応《おう》じて楽《たの》しく作《つく》って下《くだ》さい。

五・七・五・七・七で五行詩《ごぎょうし》を書《か》けば短歌《たんか》にもなります。面白《おもしろ》いですね。

五行詩入門《ごぎょうしにゅうもん》①

五行詩入門《ごぎょうしにゅうもん》②

短《みじか》い作品例《さくひんれい》
春《はる》
夏《なつ》
秋《あき》
冬《ふゆ》
どれもスキ
長《なが》い作品例《さくひんれい》
大《おお》きな大《おお》きな
雲《くも》をおいかけ
走《はし》って走《はし》って
もっと走《はし》って
気《き》がつけば海《うみ》
ひと息《いき》で読《よ》めるように心《こころ》がけよう
カエル
ぴょこぴょこ
ひといきで…
Yes
七五調《しちごちょう》もグッド
にやり
ピヨピヨピヨ
ピヨピヨピヨヨ
ピヨピヨピ…
No
話《はな》すように作《つく》るのだ
五行詩《ごぎょうし》は
おもしろいのだ
作《つく》るのだ
もっと楽《たの》しく
なるものだ
大阪《おおさか》の人《ひと》は大阪弁《おおさかべん》で
タコヤキは
うまいで
たべなはれ
ひとり10こは
たべなはれ
子《こ》どもは子《こ》どもらしく
たん生日《ちょうび》
ゲーム
ほしいな
かってよ
おねがい
宇宙人《うちゅうじん》は宇宙《うちゅう》の言葉《ことば》で
パピプペ
ピーピー
プリプリ
パピリプー
なのだ

五行詩入門《ごぎょうしにゅうもん》 ③

テーマは一《ひと》つ
たった五《ご》行《ぎょう》に
ティキーン
あれこれつめこむよりも
効《こう》果《か》的《てき》
キャハ
うげ…
同《おな》じ言《こと》葉《ば》は
何《なん》度《ど》もつかわないのだ
「言《い》う」なら
言う
話す
しゃべる
伝える
先《せん》生《せい》、質《しつ》問《もん》
「質《しつ》問《もん》」なら
きく
ただす
問《と》う
先《せん》生《せい》
トイレ
あの…
「トイレ」なら
かわや
せっちん
W.C.
…

五行詩入門《ごぎょうしにゅうもん》 ④

「美《うつく》しい」という言葉《ことば》をつかわずに美《うつく》しさを伝《つた》えるのだ
のだ！
ドキドキドキドキ
きゃっ
わかったかな!?
わからん!!
モクモク
しつこくない表現《ひょうげん》をするのだ
言《い》いすぎない
のだ
くりかえさない、
のだ
くどくしない、
あんたがしつこい・・・
のだ

五行詩入門《ごぎょうしにゅうもん》⑤

作品《さくひん》は
はーい
いろんな人《ひと》に見《み》せるのだ
それが上達《じょうたつ》のコツなのだ
はーい
コンクールにも送《おく》るのだ!!
テレちゃダメ
なのだ♥
二《に》・三日《さんにち》してから
てくてくてく
作品《さくひん》を読《よ》み返《かえ》すのだ
バリッ
うっ
作品《さくひん》を更《さら》に良《よ》くするコツ
UP!
ガーン
うんしょ
バイバイ
なのだ

《児童作品例《じどうさくひんれい》》

体育《たいいく》
給食《きゅうしょく》
休《やす》み時間《じかん》
学校《がっこう》は
楽《たの》しいな

大《おお》きくて
おいしくて
赤《あか》くて
おいしい
やっぱり大《おお》トロ

太陽《たいよう》が
毎朝《まいあさ》みんなを照《て》らしてる
ギラギラギラギラ
さわるとキケン
あっちっち

《五行詩《ごぎょうし》を作《つく》ってみよう》

年《ねん》　組《くみ》（　　　　　）

《応募《おうぼ》しよう》

○新聞《しんぶん》のポエム欄《らん》　○コンクール　○文芸誌《ぶんげいし》　○フリーペーパー　等《など》

国語力《こくごりょく》アップのメリット①

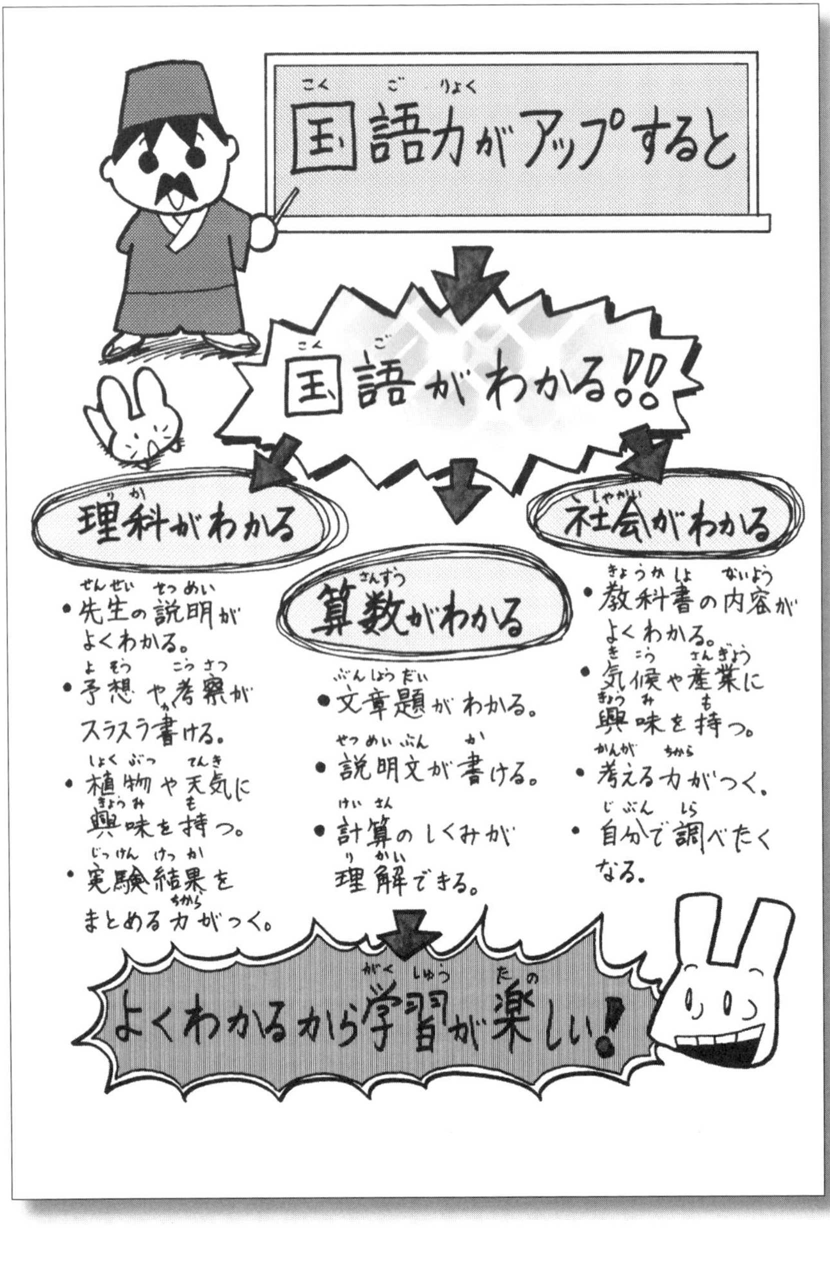

国語力《こくごりょく》がアップすると
国語《こくご》がわかる!!
理科《りか》がわかる
算数《さんすう》がわかる
社会《しゃかい》がわかる
・先生《せんせい》の説明《せつめい》がよくわかる。
・予想《よそう》や考察《こうさつ》がスラスラ書《か》ける。
・植物《しょくぶつ》や天気《てんき》に興味《きょうみ》を持《も》つ。
・実験結果《じっけんけっか》をまとめる力《ちから》がつく。
・文章題《ぶんしょうだい》がわかる。
・説明文《せつめいぶん》が書《か》ける。
・計算《けいさん》のしくみが理解《りかい》できる。
・教科書《きょうかしょ》の内容《ないよう》がよくわかる。
・気候《きこう》や産業《さんぎょう》に興味《きょうみ》を持《も》つ。
・考《かんが》える力《ちから》がつく。
・自分《じぶん》で調《しら》べたくなる。
よくわかるから学習《がくしゅう》が楽《たの》しい!

川《せん》柳《りゅう》

22頁《ページ》〜29頁《ページ》を、まず読《よ》もう！

《川柳《せんりゅう》とは》

次《つぎ》は、五・七・五です。季語《きご》（季節《きせつ》をあらわす言葉《ことば》）は必要《ひつよう》ありません。五行詩《ごぎょうし》よりも文字数《もじすう》が少《すく》なく、七五調《ちょう》のリズムがあるので、却《かえ》って作《つく》りやすいかもしれません。

「テーマを決《き》めてもらった方《ほう》が、早《はや》く作《つく》れる。」という児童《じどう》もいます。小《ちい》さい「っ」や「ゅ」は一文字《ひともじ》に数《かぞ》えません。一文字《ひともじ》や二文字《ふたもじ》の多少《たしょう》は気《き》にせず、のびのびと作《つく》ってください。

発展学習《はってんがくしゅう》として、五・七・五作文《さくぶん》をするのも面白《おもしろ》いです。一頁《ページ》分《ぶん》の作文《さくぶん》を、全《すべ》て五・七・五で作《つく》るのですが、案外早《あんがいはや》く書《か》けます。五・七・五に集中《しゅうちゅう》して、いつの間《ま》にか筆《ふで》が進《すす》みます。

児童《じどう》は「たくさん書《か》けた」という達成感《たっせいかん》を味《あじ》わい、自尊感情《じそんかんじょう》（自分《じぶん》は大切《たいせつ》な存在《そんざい》だと感《かん》じること）を育《はぐく》むことができるのです。

作《つく》った作品《さくひん》の良《よ》いところを、どんどんほめ合《あ》ってください。まずは努力《どりょく》を認《みと》め励《はげ》まし合《あ》うことが大切《たいせつ》です。それが次《つぎ》なる創作意欲《そうさくいよく》につながるのです。

川柳入門《せんりゅうにゅうもん》 ①

川柳《せんりゅう》とは
川柳
五《ご》・七《しち》・五《ご》以外《いがい》に
決《き》まりはないもの・・
なのだ!!
ナノダ先生《せんせい》再登場《さいとうじょう》
川柳《せんりゅう》とは
おもしろくても良《よ》し
アハハハ
わかるわかるも良《よ》し
そうそう
のびのびと
先生《せんせい》のびすぎですっ
自分《じぶん》らしい表現《ひょうげん》をするもの
なのだ!!
先生《せんせい》ハシャギすぎです…

川柳

川柳入門《せんりゅうにゅうもん》②

見《み》たまま
ギャァァ
ンガーッ
感《かん》じたまま
思《おも》いのまま
んおー
それは違《ちが》う
まま〜
はーい
こっちよ！
五《ご》・七《しち》・五《ご》にこだわりすぎないで
キラーン
文字《もじ》が多《おお》い字余《じあま》りや
少《すく》ない字足《じた》らずでもいい
作品《さくひん》が良《よ》ければいい・・・のだ！
すばらしい
作品《さくひん》みんな
作《つく》ってね

川柳

川柳入門《せんりゅうにゅうもん》③

体言止《たいげんど》めとは・・
ものごとの名前《なまえ》ーー
『名詞《めいし》』で終《お》わる
めぇ〜し
例《たと》えば「風船《ふうせん》」、
山《やま》、鳥《とり》、街《まち》
「なのだ」もですか？
ちがうのだ
体言《たいげん》止《ど》め
先生《せんせい》!!
食《た》べてきり〜
あまい〜なり
これらを
文語表現《ぶんごひょうげん》と言《い》う・・
フェスティバル
のだ
みんな食《た》べてばっかり

川柳入門《せんりゅうにゅうもん》④

大阪《おおさか》のことを詠《よ》もう！
ころんでもタダでは起《お》きぬなにわっ子《こ》
痛《いた》いけど十円《えん》ひろった〜〜〜！
吉本《よしもと》に行《い》けと言《い》われて喜《よろこ》ぶ子《こ》
タコヤキのタコを取《と》ったらラヂオやき
昔《むかし》は肉《にく》やコンニャク入れとった

大阪弁《おおさかべん》で詠《よ》もう！
大阪《おおさか》のおばちゃんメッチャ強《つよ》いねん
もっとティッシュ配《くば》ってや
アメのこと何《なん》でアメちゃん言《い》うんやろ
あ、アメちゃんふってきた
郷土愛《きょうどあい》自分《じぶん》のことも好《す》きになる
のだ。

川柳入門《せんりゅうにゅうもん》⑤

作品《さくひん》は
いろんな人《ひと》に見《み》てもらおう
みて みて みてよ!
みて みて
ホラ ホラ
みてっ
お母《かあ》さん41歳《さい》おめでとう
ゴオオオォ
トシは言《い》わないの
お兄《にい》ちゃんコーラを飲《の》んでゲップする
そんなの書《か》くなっ!!
やーねっ
ヒソ ヒソ
コンクール応募《おうぼ》も良《よ》い
先生《せんせい》コワイ…
『川柳作《せんりゅうつく》ろう』を歌《うた》おう♪
「みんなでつくろう」のメロディーで♫
川柳作《せんりゅうつく》ろう
川柳作《せんりゅうつく》ろう♪
とっても楽《たの》しく
川柳作《せんりゅうつく》ろう♪
五《ご》・七《しち》・五《ご》、五《ご》・七《しち》・五《ご》
リズムに合《あ》わせて
楽《たの》しんで!
それが大切《たいせつ》なのだ

川柳

《児童作品例《じどうさくひんれい》》

ともだちは　とってもとても　大切《たいせつ》だ

プリントが　風《かぜ》にふかれて　おさんぽに

笑《わら》いがね　たえないクラス　楽《たの》しいな

公園《こうえん》は　あったかいなぁ　ランランラン

白《しろ》・青《あお》・赤《あか》　きれいな食器《しょっき》　ならんでる

白《しろ》い雲《くも》　まるで笑《わら》って　いるみたい

《川柳《せんりゅう》を作《つく》ってみよう》

年《ねん》　　組《くみ》（　　　　　　　　　　）

《応募《おうぼ》しよう》

○新聞《しんぶん》の川柳欄《せんりゅうらん》　○コンクール　○川柳雑誌《せんりゅうざっし》　○フリーペーパー　等《など》

国語力《こくごりょく》アップのメリット②

こんな成果《せいか》が！
自尊感情《じそんかんじょう》
＝自分《じぶん》を大切《たいせつ》にする気持《きも》ち＝
協調性《きょうちょうせい》
コミュニケーション能力《のうりょく》
・話《はな》し上手《じょうず》
・聞《き》き上手《じょうず》
情操教育《じょうそうきょういく》
（俳句《はいく》やNIE）
楽《たの》しい♪
工夫《くふう》
指導《しどう》に一貫性《いっかんせい》
なかま作《づく》り
➡友《とも》だちにも優《やさ》しくなる
やる気《き》
根気《こんき》
努力《どりょく》
見通《みとお》しを持《も》って学習《がくしゅう》
自《みずか》ら課題《かだい》を発見《はっけん》！

俳《はい》句《く》

32頁《ページ》〜51頁《ページ》を、まず読《よ》もう！

《俳句《はいく》とは》

「俳句《はいく》」と言《い》うと、つい難《むずか》しいものだと思《おも》い込《こ》みがちです。でも、作《つく》り始《はじ》めると、案外簡単《あんがいかんたん》にできるものです。大人《おとな》よりも子《こ》どもの方《ほう》が、すんなり作《つく》ります。「難《むずか》しい」という思《おも》い込《こ》みがないからでしょうか。

最初《さいしょ》は「無季俳句《むきはいく》（季語《きご》の無《な》い俳句《はいく》）」でも構《かま》いません。

しかし、「季語《きご》があった方《ほう》が作《つく》りやすい」という意見《いけん》もよく耳《みみ》にします。きっかけがあった方《ほう》が作《つく》りやすいのかもしれません。自分《じぶん》に合《あ》う方法《ほうほう》で取《と》り組《く》んでみてください。

初《はじ》めて俳句《はいく》を指導《しどう》する場合《ばあい》は、季語《きご》を指定《してい》すると良《よ》いでしょう。慣《な》れない間《あいだ》は、友《とも》だちと似《に》たような作品《さくひん》でも構《かま》いません。作《つく》り上《あ》げることが重要《じゅうよう》です。語尾《ごび》を少《すこ》し変《か》えるだけでも構《かま》いません。「わたしにも作《つく》れた」という自信《じしん》の積《つ》み重《かさ》ねが大切《たいせつ》です。回《かい》を重《かさ》ねるごとに慣《な》れて来《き》ます。

やがて児童《じどう》が互《たが》いに、励《はげ》まし、教《おし》え合《あ》う姿《すがた》が見《み》られることでしょう。

これこそが「情操教育《じょうそうきょういく》」なのです。

俳句入門《はいくにゅうもん》 ①

俳句《はいく》とは
はいく
五《ご》・七《しち》・五《ご》の十七文字《じゅうしちもじ》の文学《ぶんがく》
きせつのことば
季語《きご》がはいる
季語《きご》がないのは川柳《せんりゅう》
季語《きご》のない無季《むき》俳句《はいく》もあるが
くわっ
なのだっ
かれの名《な》は
ナノダ先生《せんせい》
まずはかたくかんがえず
五《ご》・七《しち》・五《ご》さくぶん
ひらがなで五《ご》・七《しち》・五《ご》
一《いち》、二文字《にもじ》ならちがってもいい
これを字《じ》あまり・字《じ》たらずという
あさおきて
ごはんをたべて
はらパンパンパン
とか…
ぐふっ
ぐふっ
なぜ…わらう!?

俳句入門《はいくにゅうもん》②

次《つぎ》は
季語《きご》をいれるのだ
歳時記《さいじき》という本《ほん》にのっておる
月別《つきべつ》や地名別《ちめいべつ》もある
合本俳句歳時記
では「立春《りっしゅん》」で作《つく》ってみる
立春《りっしゅん》の…
グー
うかばなかったようです…
思《おも》ったままを言葉《ことば》にする
少《すこ》しヒネッた表現《ひょうげん》も良《よ》し
くいっ
大《おお》げさも、良《よ》い
ウソもアリ
そーれっ
しぱーん
大切《たいせつ》なのは統一感《とういつかん》!!
先生《せんせい》、統一感《とういつかん》なさすぎ

俳句入門《はいくにゅうもん》③

俳句入門《はいくにゅうもん》④

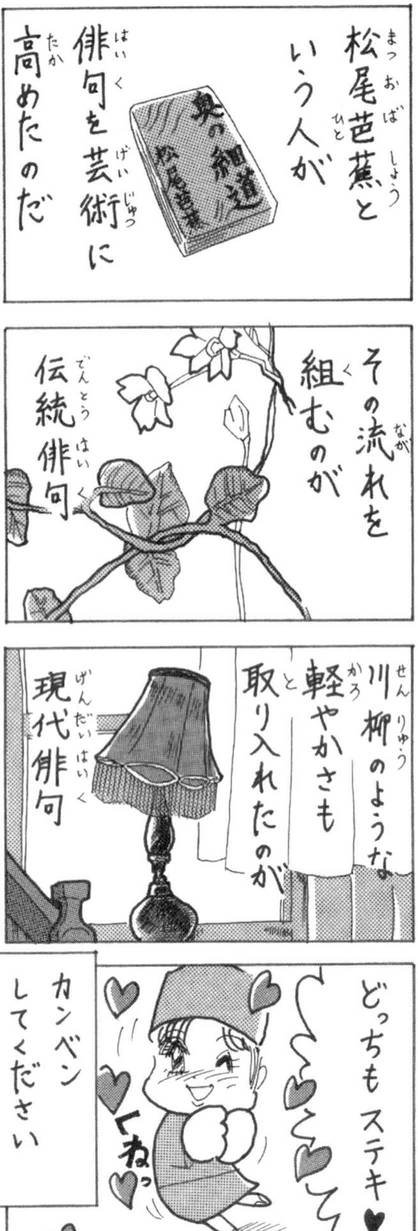

松尾芭蕉《まつおばしょう》という人《ひと》が
奥の細道
松尾芭蕉
俳句《はいく》を芸術《げいじゅつ》に高《たか》めたのだ
その流《なが》れを組《く》むのが
伝統俳句《でんとうはいく》
川柳《せんりゅう》のような軽《かろ》やかさも取り入れたのが
現代俳句《げんだいはいく》
どっちもステキ♥
カンベンしてください
ねっ

柿《かき》食《く》えば
カリッ
鐘《かね》が鳴《な》るとか
鳴《な》らぬとか
イエーイ
※盗作《とうさく》は絶対《ぜったい》にダメ!!
カキーン
なのだ〜
Yes!!

※有名《ゆうめい》な作品《さくひん》を、こっそりマネすること。

俳句入門《はいくにゅうもん》⑤（吟行《ぎんこう》）

俳句《はいく》の楽《たの》しみは
散策《さんさく》しながら
作《つく》ること
これを
吟行《ぎんこう》という
銀行《ぎんこう》とは
ちがうのだ
くっくっ
あの・・・
面白《おもしろ》くないっス

俳句《はいく》を作《つく》ったら
人《ひと》に見《み》て
もらうのだ
それが
上達《じょうたつ》のコツ
新聞《しんぶん》や雑誌《ざっし》にも
投句《とうく》してみる
べき
なのだ
さあ
始《はじ》めましょう!!

俳句入門《はいくにゅうもん》⑥（写俳《しゃはい》）

外《そと》で俳句《はいく》を作《つく》ることは？
吟行《ぎんこう》
写真《しゃしん》を見《み》て作《つく》るのは？
！
わ、わかりません。
えーーっ
写俳《しゃはい》というのだ。

では作《つく》るのだ。
はいっ。
すぐ作《つく》って!!
びしっ
え…
春《はる》の山《やま》まぶしく光《ひか》る…
こんな風《ふう》に作《つく》るのだ。
最後《さいご》まで聞《き》いて～～
ごめーん

俳句

俳句入門《はいくにゅうもん》⑦（図形俳句《ずけいはいく》）

図《ず》形《けい》詩《し》とは…
文字《もじ》の並《なら》びを工夫《くふう》して
まるまるまるまるまるまるまるまる
詩《し》の内容《ないよう》を形《かたち》でも表現《ひょうげん》する詩《し》なのだ。
例《たと》えば
ダイヤの形《かたち》なのだ
光《ひか》れ キラキラ ダイヤモンド きれいな いろ
ホントだ
それなら図《ず》形《けい》俳《はい》句《く》があってもいいのでは!?
例《れい》1
おんせんで のんびりしたよ 冬のあさ
例《れい》2
キラキラと光るよ春の星たちが
君《きみ》もチャレンジ!!

俳句入門《はいくにゅうもん》⑧（俳漫画《はいまんが》）

《俳句《はいく》の季語《きご》》

【春《はる》】

春《はる》の日《ひ》　草《くさ》もち　茶《ちゃ》つみ　風船《ふうせん》　ひなまつり　猫《ねこ》の子《こ》　かえる

うぐいす　つばめ　梅《うめ》　さくら　菜《な》の花《はな》　わかめ　四月《しがつ》

【夏《なつ》】

初夏《しょか》　つゆ　暑《あつ》さ　夏《なつ》の月《つき》　夕立《ゆうだち》　ころもがえ　ちまき

サングラス　うめぼし　うちわ　ふうりん　プール　あせ

【秋《あき》】

夜長《よなが》　さわやか　秋晴《あきば》れ　月《つき》　台風《たいふう》　運動会《うんどうかい》　もみじ

新米《しんまい》　文化《ぶんか》の日《ひ》　さんま　とんぼ　キンモクセイ　柿《かき》

【冬《ふゆ》】

大晦日《おおみそか》　節分《せつぶん》　冬《ふゆ》の雲《くも》　北風《きたかぜ》　雪《ゆき》　こたつ　七草《ななくさ》　かるた

寒《さむ》さ　冬深《ふゆふか》し　氷《こおり》　クリスマス　冬休《ふゆやす》み　マント

俳句

続《つづ》いて
「俳句《はいく》少女《しょうじょ》アンナ」。
俳句《はいく》をオシャレに
楽《たの》しんで欲《ほ》しいのだ。
のだ

俳句少女《はいくしょうじょ》アンナ①

転《てん》入《にゅう》生《せい》の月村杏奈《つきむらあんな》さん。
ヨロシクね～☆
制服《せいふく》が間《ま》に合《あ》わなかったので今日《きょう》は私服《しふく》です。
ズル～い！
似合《にあ》ってるからいいジャン♪
うっす、アンナです。
I－5
中一《ちゅういち》デス
趣味《しゅみ》は俳句《はいく》だよ♡
エーーッ

俳句少女《はいくしょうじょ》アンナ②

ここで一句《いっく》☆
春泥《しゅんでい》を
踏《ふ》んで視界《しかい》も
やや広《ひろ》く
おお〜っ
先週《せんしゅう》と
服《ふく》が違《ちが》う！
そっちかよ。
ずるっ

俳句少女《はいくしょうじょ》アンナ③

季語《きご》は何《なん》でしょう☆
大空《おおぞら》に青《あお》き風船《ふうせん》とけ込《こ》めり
あっ
うん♡
ペンダントがポイントね！
あの〜季語《きご》は・・・

※季語《きご》は「風船《ふうせん》」。季節《きせつ》は「春《はる》」です。

俳句少女《はいくしょうじょ》アンナ④

あの人《ひと》に
もらって嬉《うれ》し
春《はる》の風邪《かぜ》
なんてね♡
恋《こい》がしたいな～
へへっ
LOV
勉強《べんきょう》しなさいっ☆
えっ・・
自分《じぶん》から振っておいて・・

俳句少女《はいくしょうじょ》アンナ⑤

私《わたし》もアンナみたいになりたいっ
私《わたし》も
新《あたら》しい服《ふく》を買《か》わなきゃ☆
俳句《はいく》を作《つく》ろっと
あなたはどっち？♡

《児童作品例《じどうさくひんれい》》

雪《ゆき》とけて　緑《みどり》が見《み》えた　ああ春《はる》だ

入学式《にゅうがくしき》　ピンクの雪《ゆき》が　ふってきた

雨《あめ》がふり　ツバメが低《ひく》く　とんでいた

春《はる》の虹《にじ》　心《こころ》をつなぐ　橋《はし》になれ

ひなまつり　心《こころ》の中《なか》も　もも色《いろ》に

冬《ふゆ》の日《ひ》は　おふろに入《はい》り　ポカポカだ

俳句

《俳句《はいく》を作《つく》ってみよう》

年《ねん》　組《くみ》（　　　　　　　　　）

《応募《おうぼ》しよう》

○新聞《しんぶん》の俳句欄《はいくらん》　○コンクール　○俳句雑誌《はいくざっし》　○フリーペーパー　等《など》

《俳句実践《はいくじっせん》の応用《おうよう》》

毎年《まいとし》、担当学年《たんとうがくねん》で俳句指導《はいくしどう》を行《おこな》っています。二〇一二年《ねん》には、活動《かつどう》を全校《ぜんこう》に広《ひろ》めることができました。それが「俳句《はいく》クラブ」です。自由参加《じゆうさんか》の形式《けいしき》で、学校《がっこう》の玄関《げんかん》ホールに設置《せっち》した俳句《はいく》ポストに投句《とうく》するだけでOK。それを私《わたし》が作品集《さくひんしゅう》にして配布《はいふ》・掲示《けいじ》したり、コンクールに応募《おうぼ》したりするのです。その二年後《にねんご》には、放課後活動《ほうかごかつどう》として「俳句寺子屋《はいくてらこや》」を実践《じっせん》しました。約《やく》三十分間《ふんかん》、俳句《はいく》を指導《しどう》したり吟行《ぎんこう》（散策《さんさく》しながら俳句《はいく》を作《つく》る活動《かつどう》）したりするのです。自主参加《じゆうさんか》ですが、大勢《おおぜい》で楽《たの》しく活動《かつどう》しています。予想以上《よそういじょう》に低学年《ていがくねん》の児童《じどう》が熱心《ねっしん》に参加《さんか》しています。休《やす》み時間《じかん》に会《あ》うと「今週《こんしゅう》の俳句寺子屋《はいくてらこや》はいつ？」「また行《い》きます」などと言《い》ってくれます。最近《さいきん》は一分間《いっぷんかん》に一句《いっく》作る「スピード俳句《はいく》」や季語《きご》を使《つか》った「俳句《はいく》ビンゴ」など新《あたら》しい俳句《はいく》の形《かたち》も作《つく》り出《だ》しています。指導者《しどうしゃ》にとっても楽《たの》しい活動《かつどう》なのです。

俳句《はいく》クラブ

〇〇小
二〇一二《にせんじゅうに》（平成《へいせい》24）年《ねん》六月《ろくがつ》に結成《けっせい》
俳句《はいく》クラブ
玄関《げんかん》ホールに作品《さくひん》を掲示《けいじ》
夏の海べろにし
夏の日は
白いくつ
せみの声 公園か
俳
国語《こくご》「俳句《はいく》」の授業中《じゅぎょうちゅう》
先生《せんせい》、もっとたくさん作品《さくひん》を作《つく》りたいです。
―という発言《はつげん》により俳句《はいく》クラブ誕生《たんじょう》
入会《にゅうかい》申《もう》し込《こ》みもなく俳《はい》句《く》ポストに投《とう》句《く》するだけ
ポスト
俳句《はいく》ポスト
ポストも子どもたちが作《つく》りました♪
集《あつ》められた作品《さくひん》は顧問《こもん》がコンクールに応募《おうぼ》したり、作品集《さくひんしゅう》にまとめたり
日日俳壇
俳句クラブ
顧問・樗木 厚
夏の海べろにしみるなすっぱいな
夏の日はせつでんをしてみようかな
白いくつキャンプに行ってよごれたよ
せみの声公園からのひびく音
日日《にちにち》俳壇《はいたん》にも載《の》せて頂《いただ》きました
ありがとうございました。
ペコリ

国語力《こくごりょく》アップのメリット③

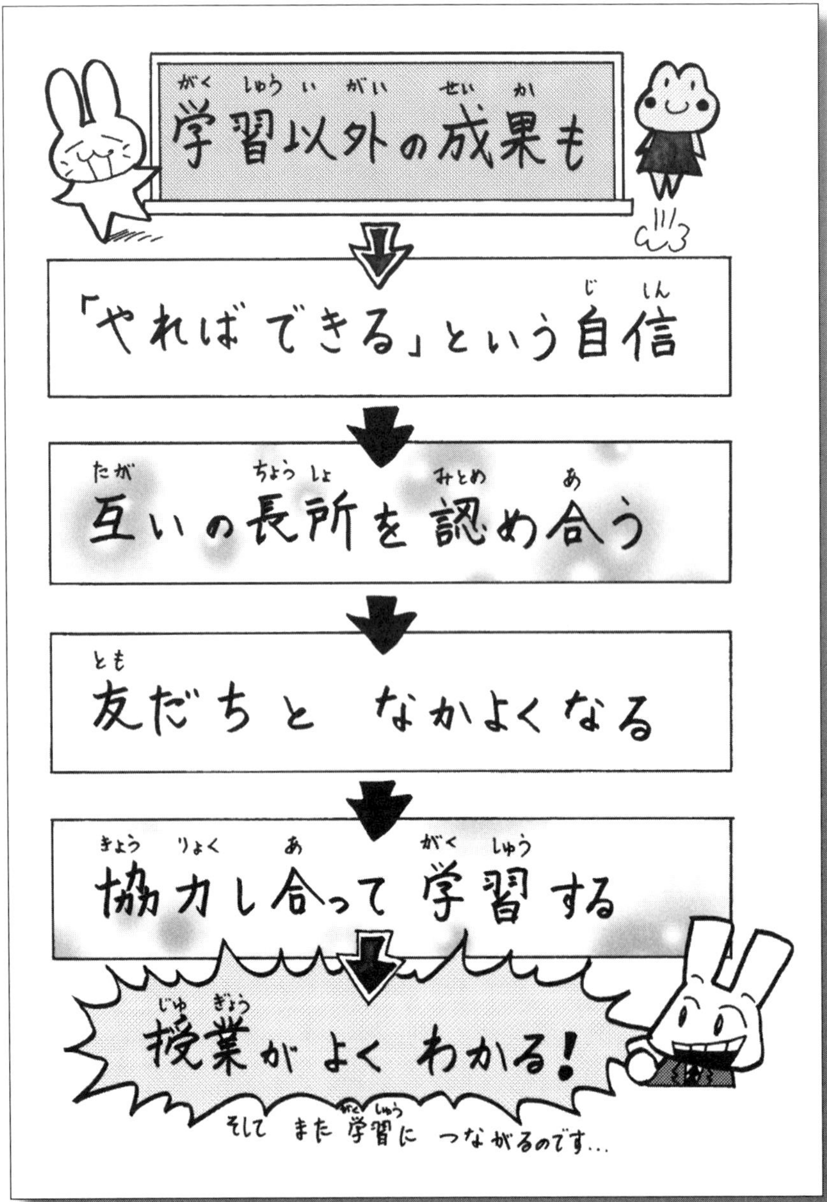

学習《がくしゅう》以外《いがい》の成果《せいか》も
「やればできる」という自信《じしん》
互《たが》いの長所《ちょうしょ》を認《みと》め合《あ》う
友《とも》だちと　なかよくなる
協力《きょうりょく》し合《あ》って　学習《がくしゅう》する
授業《じゅぎょう》が　よく　わかる！
そして　また　学習《がくしゅう》に　つながるのです…

短歌《たんか》

54頁《ページ》〜61頁《ページ》を、まず読《よ》もう！

《短歌《たんか》とは》

いよいよ短歌《たんか》です。五・七・五・七・七です。季語《きご》は必要《ひつよう》ありません。文字数《もじすう》が増《ふ》えて、児童《じどう》は、多少戸惑《たしょうとまど》います。でも大丈夫《だいじょうぶ》。ちゃんと指導《しどう》のコツがあるのです。

まずはいつものように俳句《はいく》(や川柳《せんりゅう》)を作《つく》ります。そして「続《つづ》きの話《はなし》を七・七で書《か》くんだよ。」と言《い》って、考《かんが》えさせます。作文《さくぶん》を書《か》くように続《つづ》きを書《か》いても良《よ》し、四こまマンガのようにオチを付《つ》けても良《よ》しです。七・七と、長《なが》めの文字数《もじすう》なので、かえって書《か》きやすいと感《かん》じるかもしれません。俳句《はいく》よりも詳《くわ》しく説明《せつめい》できるからです。

短歌《たんか》は、作《つく》った後《あと》で読《よ》む活動《かつどう》が盛《も》り上《あ》がります。画用紙《がようし》に短歌《たんか》を書《か》き、周《まわ》りに絵《え》を描《えが》くと一層内容《いっそうないよう》がわかりやすくなります。百人一首《ひゃくにんいっしゅ》のように、かるたを作《つく》るのも楽《たの》しいです。遊《あそ》びながら作品《さくひん》の鑑賞《かんしょう》ができます。

また、それらを校内《こうない》や家庭《かてい》に掲示《けいじ》し、広《ひろ》める活動《かつどう》も楽《たの》しく盛《も》り上《あ》がります。児童《じどう》が互《たが》いを認《みと》め合《あ》う、良《よ》い機会《きかい》にもなるのです。

短歌入門《たんかにゅうもん》 ①

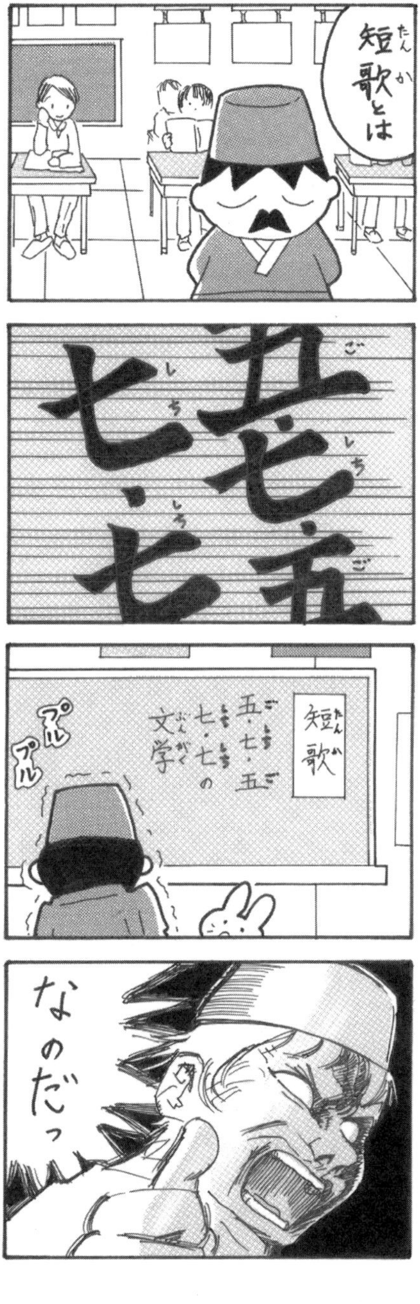
短歌《たんか》とは
五《ご》七《しち》五《ご》
七《しち》七《しち》
短歌《たんか》
五《ご》・七《しち》・五《ご》
七《しち》・七《しち》の
文学《ぶんがく》
プル
プル
なのだっ

季語《きご》が必要《ひつよう》ないのは
短歌《たんか》はね
31文字《もじ》 それ以外《いがい》
とても自由《じゆう》だ
そう、フリーダム
川柳《せんりゅう》と同《おな》じ
名作《めいさく》が読《よ》みたければ
百人一首《ひゃくにんいっしゅ》を
読《よ》もう
コレヤ
わしより目立《めだ》っている…
のだ
ニカッ

短歌入門《たんかにゅうもん》②

短歌入門《たんかにゅうもん》③

日記《にっき》を書《か》くように作《つく》ってみよう
気《き》らくに
日記
㊄学校《がっこう》で
㊆かけっこしたら
㊄転《ころ》んだよ
わっ
㊆すぐに起《お》きたら
㊆また こけました
なんのこれしき
わっ
ツルッ
長《なが》く書《か》くよりムズカシイのだ
練習《れんしゅう》しよう
見《み》たままを書《か》いても良《よ》し
㊄赤《あか》い花《はな》
㊆三《みっ》つも咲《さ》いた
㊄うれしいな
㊆見《み》ると地面《じめん》に
㊆二《ふた》つ落《お》ちてた
思《おも》ったことを書《か》いても良《よ》し
㊄友《とも》だちと
㊆ケンカしてすぐ
㊄仲《なか》なおり
㊆今度《こんど》は もっと
㊆優《やさ》しくしよう
小説《しょうせつ》のような作《つく》り話《ばなし》もOK!!
㊄山奥《やまおく》に
㊆ようせい いっぱい
㊄住《す》んでいた
㊆まほうで花《はな》を
㊆咲《さ》かせていたよ
自由《じゆう》に作《つく》るのだ
友《とも》だちが考《かんが》えつかないことを書《か》けるかな?

短歌入門《たんかにゅうもん》 ④

短歌《たんか》で遊《あそ》ぼう
五人《ごにん》で楽《たの》しみながら作《つく》るのだっ
㊄こづかいで
㊆アイスを買《か》ったら
㊄当たったよ
㊆二本目《にほんめ》食《た》べたら
うーむ どうなったらおもしろいかな!?
㊆おなかに当《あ》たった（おなかをこわした）
ナルホド♪
ポン
みんなが作《つく》った短歌《たんか》で
カルタを作《つく》るのだ
五《ご》・七《しち》・五《ご》は読《よ》み札《ふだ》で
七《しち》・七《しち》は取《と》り札《ふだ》
七
七
五
七
五
取《と》り札《ふだ》には絵《え》も描《か》くのだ
さあ、みんなでカルタ大会《たいかい》!!
楽《たの》しそう

短歌

短歌入門《たんかにゅうもん》 ⑤

五《ご》・七《しち》・五《ご》のリズム
七《しち》・五《ご》調《ちょう》と言《い》うのだ
流《なが》れるように読《よ》めて
スイー
音読《おんどく》が楽《たの》しくなるのだっ
声《こえ》が大《おお》きい…
七五調《しちごちょう》で話《はな》してみよう
五 お母《かあ》さん
七 テレビを見《み》ても
五 いいですか？
七 部屋《へや》の片《かた》づけ
七 先《さき》にしなさい
失敗《しっぱい》をおそれず
のびのび作《つく》るのだ
楽《たの》しむことが一番《いちばん》大切《たいせつ》
なのだ
Yes!!

短歌

《児童作品例《じどうさくひんれい》》

天気予報《てんきよほう》　はずれた大雨《おおあめ》　ふってきた
だけどカサある　ボロボロだけど

青《あお》い空《そら》　ボーっと見《み》ていた　目《め》に映《うつ》る
雲《くも》の形《かたち》が　優《やさ》しく映《うつ》る

かくれんぼ　押入《おしい》れの中《なか》　かくれたら
あくびが出《で》たよ　がまんがまん

《短歌《たんか》を作《つく》ってみよう》

年《ねん》　組《くみ》（　　　）

【五】	【七】	【五】	【七】	【七】

《応募《おうぼ》しよう》

○新聞《しんぶん》の短歌欄《たんからん》　○コンクール　○短歌雑誌《たんかざっし》　○フリーペーパー　等《など》

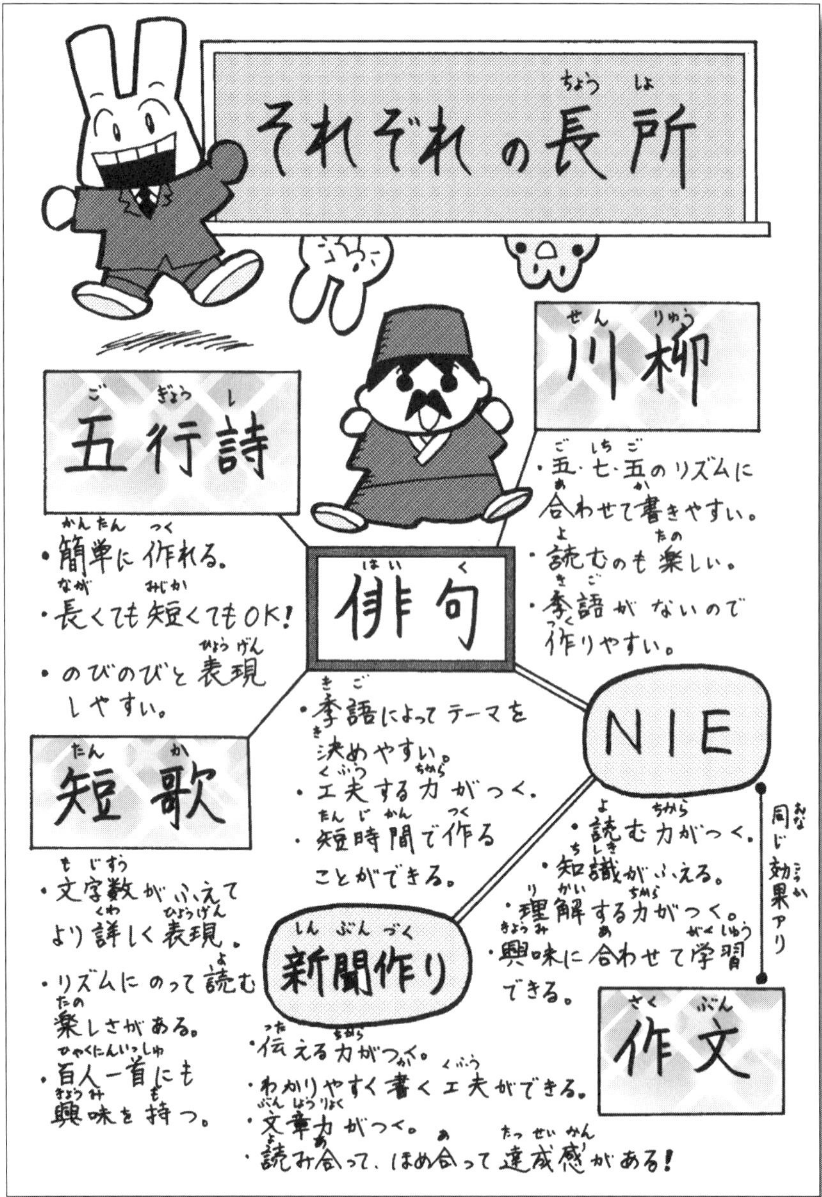
それぞれの長所《ちょうしょ》
川柳《せんりゅう》
・五《ご》・七《しち》・五《ご》のリズムに合《あ》わせて書《か》きやすい。
・読《よ》むのも楽《たの》しい。
・季語《きご》がないので作《つく》りやすい。
五行詩《ごぎょうし》
・簡単《かんたん》に作《つく》れる。
・長《なが》くても短《みじか》くてもOK！
・のびのびと表現《ひょうげん》しやすい。
俳句《はいく》
・季語《きご》によってテーマを決《き》めやすい。
・工夫《くふう》する力《ちから》がつく。
・短時間《たんじかん》で作《つく》ることができる。
NIE
・読《よ》む力《ちから》がつく。
・知識《ちしき》がふえる。
・理解《りかい》する力《ちから》がつく。
・興味《きょうみ》に合《あ》わせて学習《がくしゅう》できる。
同《おな》じ効果《こうか》アリ
作文《さくぶん》
短歌《たんか》
・文字数《もじすう》がふえてより詳《くわ》しく表現《ひょうげん》。
・リズムにのって読《よ》む楽《たの》しさがある。
・百人一首《ひゃくにんいっしゅ》にも興味《きょうみ》を持《も》つ。
新聞作《しんぶんづく》り
・伝《つた》える力《ちから》がつく。
・わかりやすく書《か》く工夫《くふう》ができる。
・文章力《ぶんしょうりょく》がつく。
・読《よ》み合《あ》って、ほめ合《あ》って達成感《たっせいかん》がある！

作《さく》文《ぶん》

64頁《ページ》～72頁《ページ》を、まず読《よ》もう！

《作文《さくぶん》とは》

作文《さくぶん》を知《し》らない人《ひと》は少《すく》ないと思《おも》いますが、作文《さくぶん》のコツがわからない人《ひと》は多《おお》いのです。読《よ》むのは好《す》きでも、書《か》けないという人《ひと》もいます。

私《わたし》のように昔《むかし》は苦手《にがて》だったのに、今《いま》は作文《さくぶん》が大好《だいす》きという者《もの》もいます。作文《さくぶん》に取《と》り組《く》むきっかけさえあれば、楽《たの》しく書《か》けると思《おも》います。

そこで、苦手意識《にがていしき》のある児童《じどう》も楽《たの》しく取《と》り組《く》めるように、マンガ教材《きょうざい》を作《つく》りました。書《か》き込《こ》み式《しき》なので、コピーをとってチャレンジしてみてください。息《いき》ぬきやちょっとした遊《あそ》びのつもりで、気軽《きがる》に始《はじ》めてみてください。四こまマンガのセリフを考《かんが》えることで、「起《き》・承《しょう》・転《てん》・結《けつ》」が身《み》に付《つ》きます。

実際《じっさい》に授業実践《じゅぎょうじっせん》をしてみると、「オチ」を考《かんが》えれば、あとは意外《いがい》と簡単《かんたん》に書《か》けるという児童《じどう》が多《おお》く見《み》られました。作文《さくぶん》にも、やはり「コツ」があるのです。

あなたも、ぜひ体験《たいけん》してみてください。

作文

作文入門《さくぶんにゅうもん》①

年《ねん》　組《くみ》
(　　　)
マンガって面白《おもしろ》いですよね
うん!
マンガを描《か》くように作文《さくぶん》できないか‥
そう考《かんが》えてこの教材《きょうざい》を作《つく》りました
楽《たの》しみながら作文《さくぶん》を書《か》こう
まずは四行詩《よんぎょうし》!!

作文入門《さくぶんにゅうもん》 ②

文章《ぶんしょう》の基本《きほん》は
起《き》・承《しょう》・転《てん》・結《けつ》
起《き》
物語《ものがたり》の始《はじ》まり
承《しょう》
話《はなし》が進《すす》む
転《てん》
意外《いがい》な展開《てんかい》
結《けつ》
オチ（サゲとも言《い》う）
中身《なかみ》は
ばんそうこう

作文入門《さくぶんにゅうもん》 ③

題《だい》（　　　　　　　　）

4こま作文《さくぶん》 ＝見本《みほん》＝

顔《かお》を洗《あら》った。

朝《あさ》ごはんを食《た》べた。

お母《かあ》さんがビックリした。

日曜日《にちようび》だった。

作文入門《さくぶんにゅうもんもん》④

題《だい》(　　　　　　　　　　)

セリフ作文《さくぶん》①＝見本《みほん》＝

宿題《しゅくだい》が終《お》わった。
部屋《へや》の掃除《そうじ》をした。
それからエーッと・・・
今日《きょう》は四《し》月《がつ》一日《ついたち》です。

作文

作文入門《さくぶんにゅうもん》⑤

題《だい》（　　　　　　　　）

セリフ作文《さくぶん》②　＝見本《みほん》＝

昨日《きのう》は何《なに》をしてた？
ずっと勉強《べんきょう》してた。
へーっすごいね。
…という夢《ゆめ》を見《み》てた。
昼寝《ひるね》して…

作文入門《さくぶんにゅうもん》⑥

いよいよ二《に》ページ作《さく》文《ぶん》にチャレンジ
起《き》 承《しょう》 転《てん》 結《けつ》
転《てん》で盛《も》り上《あ》げる
そして意外《いがい》な結末《けつまつ》!!
自由《じゆう》に書《か》こう
日記《にっき》でもOK!!
SF小説《しょうせつ》もOKデス
動物《どうぶつ》が主人公《しゅじんこう》でもOK
ギャグもOKなのだ
ただし人《ひと》の悪口《わるぐち》や命《いのち》を大切《たいせつ》にしない話《はなし》はNG!!
ハッピーエンドや希望《きぼう》が感《かん》じられる終《お》わり方《かた》を意識《いしき》しよう!!!

作文

作文《さくぶん》を作《つく》ってみよう

題《だい》「

」

名《な》前《まえ》（　）

起《き》

承《しょう》

転《てん》

結《けつ》

うまく　まとまったかな？

たくさん書《か》くことが　上達《じょうたつ》の　近《ちか》道《みち》です!!

作文

NIE

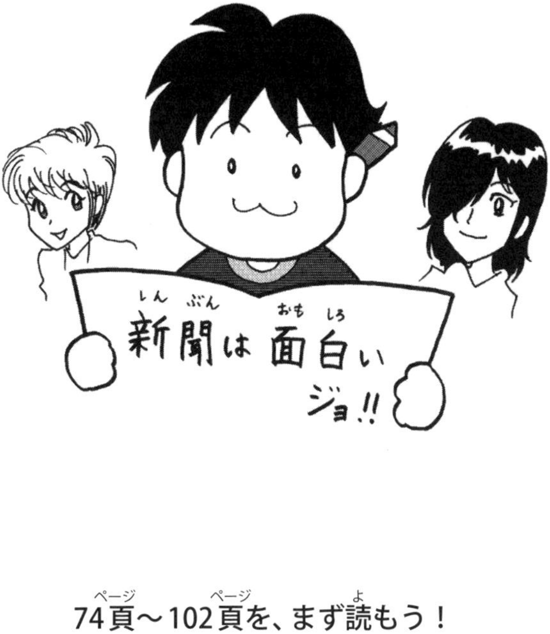
新聞《しんぶん》は面白《おもしろ》い
ジョ!!

74頁《ページ》〜102頁《ページ》を、まず読《よ》もう！

《NIEとは》

NIEとは、「教育《きょういく》に新聞《しんぶん》を＝newspaper in education」のことです。①新聞《しんぶん》を読《よ》んだり、②分《わ》かりやすくまとめたり、③実際《じっさい》に新聞《しんぶん》を作《つく》ったりする学習活動《がくしゅうかつどう》です。

最初《さいしょ》の授業《じゅぎょう》で「ヨムちゃん」（①〜④）を学習《がくしゅう》しました。NIEを知《し》らない児童《じどう》にも、その内容《ないよう》がわかるように描《えが》きました。

新聞《しんぶん》の見出《みだ》しを五・七・五にする点《てん》は、俳句作《はいくづく》りの発展《はってん》として進行《しんこう》できます。インパクトのある見出《みだ》し作《つく》りにピッタリです。「知《し》る」だけでなく「伝《つた》える」活動《かつどう》をすることで、より深《ふか》く理解《りかい》することができるのです。また作《つく》った新聞《しんぶん》を読《よ》んでもらうことで、達成感《たっせいかん》を味《あじ》わうことができます。クラス内《ない》だけでなく、校内掲示板《こうないけいじばん》や児童集会《じどうしゅうかい》での発表《はっぴょう》も効果的《こうかてき》でした。

この「やればできる」という経験《けいけん》が、大切《たいせつ》です。国語力《こくごりょく》だけでなく、互《たが》いを認《みと》め合《あ》う力《ちから》も付《つ》けてくれるのです。自信《じしん》がつけば友《とも》だちの長所《ちょうしょ》を認《みと》めるようになります。

それがやがては互《たが》いに高《たか》め合《あ》う集団《しゅうだん》へと成長《せいちょう》するのです。

ヨムちゃん ①

学校《がっこう》で習《なら》う内容《ないよう》が増《ふ》えたなぁ
5・6年生《ねんせい》は英語《えいご》も始《はじ》まったし・・
忙《いそが》しいわ
先生《せんせい》だって大変《たいへん》ね
ん!?のんびりしてる子《こ》もいるやん
ヨムちゃんよ
ヨム ヨム
何《なに》してるの?
新聞《しんぶん》を読《よ》んでるジョ
ヨム ヨム
難《むずか》しくない?
はじめは好《す》きなトコロだけ読《よ》めばいいジョ
ヨム ヨム
くす くす
何《なん》だか楽《たの》しそうネ
うん
読《よ》んでみよっか

NIE

ヨムちゃん ②

学《がっ》校《こう》で、新《しん》聞《ぶん》を使《つか》った授《じゅ》業《ぎょう》もあるんやって
何《なに》をするのかナ‥
新《しん》聞《ぶん》を読《よ》んで話《はな》し合《あ》ったり
記《き》事《じ》を書《か》いたり
誰《だれ》かしら‥
えっ!?
編《へん》集《しゅう》の仕《し》方《かた》を習《なら》ったりするジョ
ヨムちゃん
新《しん》聞《ぶん》には
ニュースの他《ほか》にも
イベント情《じょう》報《ほう》や
ぶたまん
まつり
ワッショイ
ワッショイ
そんなのナイよ‥
コラムもあるジョ
THE ZUN TATA
それはドラム‥
情《じょう》報《ほう》を知《し》るだけでなく
伝《つた》え合《あ》う学《がく》習《しゅう》にもなるね
そして何《なに》より楽《たの》しいジョ

ヨムちゃん③

新聞《しんぶん》を作《つく》るのも楽《たの》しいジョ
教《おし》えて 教《おし》えてっ
まずは ムりせず 一つの記事《きじ》で作《つく》るジョ
①タイトル
②見出し
③文章《ぶんしょう》
○新聞 2011 ヨム
フム フム
これならできるネ
面白《おもしろ》い見出《みだ》しを考《かんが》えて
腹《はら》パンパン！
早起《はやお》きして しっかり朝《あさ》ごはんを食《た》べよう!! でも食《た》べすぎには注意《ちゅうい》しましょう。
文章《ぶんしょう》はたて書《が》きジョ
文章《ぶんしょう》が苦手《にがて》ならイラストや四《よん》コマ マンガをかいても いいジョ
ワク ワク ワク ワク
楽《たの》しんで作《つく》れば、必ず 良《よ》い新聞《しんぶん》ができるジョ!!
ピョン
楽《たの》しそうネ
完成《かんせい》したら掲示《けいじ》したり印刷《いんさつ》して配《くば》ったりするといいジョ
ポイ ポイ
さあ、作《つく》ろうヨ
5年1組
さて新聞《しんぶん》読《よ》むジョ♪

NIE

ヨムちゃん ④

新聞《しんぶん》って難《むずか》しくない？
うんうん
知《し》らない漢字《かんじ》もあるし・・
大丈夫《だいじょうぶ》
写真《しゃしん》を見《み》るだけでもいい
ドドド
4コママンガとか・・
小学生《しょうがくせい》新聞《しんぶん》ならフリガナがあるし
おうちの人《ひと》と読《よ》むのもOK!!
新聞《しんぶん》タイムを決《き》めましょう！
10分間《ぷんかん》でもOK！
じゃあ私《わたし》は夕食後《ゆうしょくご》の10分間《ぷんかん》
私《わたし》も
ヒョイ
バサ
僕《ぼく》はトイレ前《まえ》の10分《ぷん》・・
ハァ ハァ
ガマン ガマン
後《あと》にしてっ
みんな新聞《しんぶん》を読《よ》む
ジョ

NIE

実践編《じっせんへん》「新聞作《しんぶんづく》り」

80頁《ページ》～84頁《ページ》を、まず読《よ》もう！

《新聞作《しんぶんづく》り》

新聞《しんぶん》でＮＩＥの特集記事《とくしゅうきじ》を読《よ》み、共感《きょうかん》しました。新聞《しんぶん》は読《よ》むだけのものではなく、学習教材《がくしゅうきょうざい》としても有効《ゆうこう》だと気《き》づいたのです。

そこで発展学習《はってんがくしゅう》をする際《さい》の参考資料《さんこうしりょう》として『ヨムちゃん』（新聞作《しんぶんづく》り①～④）という、ＮＩＥマンを描《えが》いたのです。当時《とうじ》はまだＮＩＥ実践《じっせん》を模索《もさく》している状態《じょうたい》だったので、自分自身《じぶんじしん》が参考資料《さんこうしりょう》になるようなマンガにしました。職場内《しょくばない》でもＮＩＥを活用《かつよう》する事例《じれい》は少《すく》なかったので、児童《じどう》だけでなく先生《せんせい》の資料《しりょう》としても役立《やくだ》つような内容《ないよう》を意識《いしき》しました。

その後《ご》、「新聞作《しんぶんづく》り編《へん》」を製作《せいさく》しました。内容的《ないようてき》には五年生《ごねんせい》がピッタリです。丁度《ちょうど》、新聞社《しんぶんしゃ》や放送局《ほうそうきょく》の社会見学《しゃかいけんがく》をする時期《じき》になるからです。マンガなので、児童《じどう》にも「分《わ》かりやすい」と好評《こうひょう》でした。

このマンガを読《よ》んだ後《あと》なら、児童《じどう》はスムーズに新聞作《しんぶんづく》りに取《と》り組《く》むことができていました。

主《おも》に国語《こくご》・理科《りか》・社会《しゃかい》の授業《じゅぎょう》で活用《かつよう》しました。作《つく》った新聞《しんぶん》は校内《こうない》に掲示《けいじ》したり、印刷《いんさつ》して作品集《さくひんしゅう》にしたりしました。

ヨムちゃん「新聞作《しんぶんづく》り①」

新聞《しんぶん》作《づく》りの授業《じゅぎょう》を見《み》てみるジョ
ヨム ヨム
まず「毎日《まいにち》ヨムちゃん」を配《くば》ります
いつものようにノートにはりましょう
日直《にっちょく》
毎日ヨム
今回《こんかい》は、理科《りか》「メダカのたんじょう」のまとめとして
新聞《しんぶん》を作《つく》ります
先生《せんせい》、カッコイイ♥
そお？
ヨム ヨム
テーマを決《き》めたら資料《しりょう》集《あつ》めです
①図書室《としょしつ》で
あった
②パソコンで
カチャ カチャ
③教科書《きょうかしょ》ノートで
新聞《しんぶん》も資料《しりょう》になるジョ
NOTE 5-1
植物 BOOK 小5用
痛《いた》っ
ゴッ
カワイイ
ドジなだけよ

NIE

ヨムちゃん「新聞作《しんぶんづく》り②」

資料《しりょう》も集《あつ》まり
いよいよ新聞作《しんぶんづく》りです
「毎日《まいにち》ヨムちゃん③」を見《み》ましょう
テーマをしぼって一《ひと》つの記事《きじ》で作《つく》ります
先生《せんせい》
見出《みだ》しはインパクトが大切《たいせつ》ね
見出《みだ》し
新聞
・わかりやすく
・面白《おもしろ》く
・工夫《くふう》して
クイズ形式《けいしき》とか
ジョ
今回《こんかい》は見出《みだ》しを五《ご》・七《しち》・五《ご》の川柳《せんりゅう》で作《つく》ります
どれも良《よ》いですね
メダカのね
オス・メスどこが
ちがうかな？
（マイ）
水《すい》そうの
そうじの仕方《しかた》
しってるジョ
（ヨムちゃん）
先生《せんせい》の
好《この》みのタイプ
おしえてね♡
（アイ）
ハイ
コレ
コレ

NIE

ヨムちゃん「新聞作り《しんぶんづくり》③」

いよいよ新聞《しんぶん》を作《つく》るジョ
『文字《もじ》のみ』用《よう》
『文字《もじ》と図《ず》』用《よう》
新聞
新聞
新聞
新聞
『4コマ マンガ』用《よう》
『フリー』用《よう》
好《す》きなワークシートで作《つく》るジョ
私《わたし》は4コマ マンガ
写真《しゃしん》をはるジョ
先生《せんせい》…
そう、楽《たの》しんで!!
できたジョ
私《わたし》は「先生《せんせい》新聞《しんぶん》」
お互《たが》いに読《よ》み合《あ》いましょう!
やっぱり新聞《しんぶん》は面白《おもしろ》いジョ
キャッ
キャッ
ヨム
ヨム

NIE

ヨムちゃん「新聞作り《しんぶんづくり》④」

完成《かんせい》した新聞《しんぶん》はいろんな人《ひと》に読《よ》んでもらいましょう
はーい
はーい♪
例《れい》①教室《きょうしつ》に掲示《けいじ》
ヨム
ヨム
こっちを読《よ》むの!!
ドーン
例《れい》②作品集《さくひんしゅう》にする
5-1
ヨムヨム
作品集
例《れい》③他学年《たがくねん》に配《くば》る
読《よ》んでください
くれ
自分《じぶん》でもまた読《よ》む
家《いえ》でも読《よ》んでもらいましょう!
ヨムちゃんち
先生《せんせい》も読《よ》んでください♥
ほめられたらまた作《つく》りたくなるね♡
うん
今度《こんど》は何《なに》を書《か》こうかナ
新聞《しんぶん》って最高《さいこう》だジョ

体験編《たいけんへん》 「新聞社見学《しんぶんしゃけんがく》」

86頁《ページ》〜90頁《ページ》を、まず読《よ》もう！

《新聞社見学《しんぶんしゃけんがく》》

実際《じっさい》に新聞社《しんぶんしゃ》を見学《けんがく》すると、新聞製作《しんぶんせいさく》から販売《はんばい》までの仕組《しく》みがわかります。そこで、働《はたら》く方々《かたがた》の努力《どりょく》や工夫《くふう》している点《てん》に気付《きづ》くのも大切《たいせつ》な学習《がくしゅう》です。大人《おとな》にとっても新鮮《しんせん》な体験《たいけん》でした。

見学《けんがく》しながら私《わたし》は、せっせとメモを取《と》りました。私自身《わたしじしん》が体験《たいけん》マンガを描《えが》きたくなったのです。それほど興味深《きょうみぶか》い内容《ないよう》だったのです。取材《しゅざい》して文章《ぶんしょう》にまとめ、他《た》に伝《つた》える活動《かつどう》は、まさに国語学習《こくごがくしゅう》で身《み》に着《つ》けたい内容《ないよう》そのものです。

そして完成《かんせい》したのが『ヨムちゃん「社会見学《しゃかいけんがく》」』です。

小学校《しょうがっこう》6年間《ねんかん》で、このような「調《しら》べて伝《つた》える学習《がくしゅう》」を繰《く》り返《かえ》し実践《じっせん》します。社会見学《しゃかいけんがく》の中《なか》で聞《き》き取《と》りや発表《はっぴょう》をするので、国語学習《こくごがくしゅう》の興味付《きょうみづ》けにもピッタリの体験学習《たいけんがくしゅう》です。

また見学《けんがく》して学《まな》んだことを、新聞《しんぶん》にまとめることで画面構成《がめんこうせい》や文章表現《ぶんしょうひょうげん》の練習《れんしゅう》になります。

是非《ぜひ》マンガを読《よ》むことで、疑似体験《ぎじたいけん》してみてください。

ヨムちゃん「新聞社見学《しんぶんしゃけんがく》①」

みんな新聞《しんぶん》読《よ》んでるジョ？
読《よ》んでまーす！
新聞作《しんぶんづく》りもしたよねっ♪
今日《きょう》は僕《ぼく》たち三人《さんにん》が
○○小学校《しょうがっこう》5年《ねん》1組《くみ》の代表《だいひょう》で〜す♡
読《よ》みながらは失礼《しつれい》よ！
新聞社《しんぶんしゃ》を
○○新聞社
見学《けんがく》しま〜す!!

【新聞《しんぶん》ができるまで】

①取材《しゅざい》 ← **②編集《へんしゅう》** ← **③印刷《いんさつ》・発送《はっそう》** ← **④販売《はんばい》**

ヨムちゃん「新聞社見学《しんぶんしゃけんがく》②」

まずは記者《きしゃ》の①取材《しゅざい》ジョ!!
何《なに》アレ
名探偵《めいたんてい》の気分《きぶん》よ
記者《きしゃ》の仕事《しごと》を知《し》りたいジョ
事実《じじつ》をありのままに伝《つた》えることデス
大人《おとな》から子《こ》どもまでわかりやすく書《か》くのが難《むずか》しいのデス
パソコンで記事《きじ》を書《か》いてデスクが目《め》を通《とお》し出稿《しゅっこう》しマス!
でしこ世界一
なるほど
次《つぎ》は②編集《へんしゅう》
記事《きじ》を紙面《しめん》にまとめまっす
見出《みだ》しをつけたり写真《しゃしん》を加工《かこう》したり
今《いま》は全《すべ》てコンピューターで編集《へんしゅう》してまっす
載《の》せる記事《きじ》を選《えら》んだり構成《こうせい》したり何度《なんど》もチェック。話《はな》し合《あ》いも大切《たいせつ》。締《し》め切《き》りの時間《じかん》が来《き》てGO!!
学生新聞

NIE

ヨムちゃん「新聞社見学《しんぶんしゃけんがく》③」

編集部《へんしゅうぶ》にはいろんな役割《やくわり》があるジョ
覚《おぼ》えられた？
へ〜うん
③いよいよ印刷《いんさつ》
地下《ちか》に
移動《いどう》
して
すごいっ
ゴ..
みなさん真剣《しんけん》♥
印刷《いんさつ》して大忙《おおいそが》し!!
毎日《まいにち》、朝刊《ちょうかん》と夕刊《ゆうかん》を
ゴッ
ゴグッ
ガッ
お〜っ
紙面《しめん》を焼《や》き込《こ》んだ刷版《さっぱん》を輪転機《りんてんき》にかけます
版画《はんが》で言う版《はん》だジョ
昔《むかし》の刷版《さっぱん》は鉛《なまり》でした
重《おも》〜い

NIE

ヨムちゃん「新聞社見学《しんぶんしゃけんがく》④」

ゴゴ…
オフセットという方法《ほうほう》で大量《たいりょう》に印刷《いんさつ》するのよ
どんどん出来《でき》あがるわ
1時間《じかん》に15万《まん》部《ぶ》刷《す》れるジョ
新聞《しんぶん》を200部《ぶ》ずつ数《かぞ》える機械《きかい》だって
ドサッ
バサッ
たばねてるジョ
そして…
④販売店《はんばいてん》がみんなの家《いえ》に届《とど》けるよ
コンビニで
24H
売店《ばいてん》で
インターネットで
最新情報《さいしんじょうほう》ね
売店《ばいてん》などでも売《う》ってるジョ
新聞社《しんぶんしゃ》のみなさんお疲《つか》れ様《さま》でした!!
新聞《しんぶん》はやっぱり面白《おもしろ》いの一

NIE

創作編《そうさくへん》「レポート・キット」

92頁《ページ》～96頁《ページ》を、まず読《よ》もう！

《レポート・キットとは》

「マンガ」をテーマに、授業《じゅぎょう》をしたことがあります。私《わたし》がマンガ教材《きょうざい》を製作《せいさく》・活用《かつよう》するだけでなく、子《こ》どもたちにマンガを描《えが》かせる実践《じっせん》です。図画工作科《ずがこうさくか》や総合的《そうごうてき》な学習《がくしゅう》の時間《じかん》を使《つか》って創作《そうさく》しました。マンガ新聞《しんぶん》や、俳漫画《はいまんが》（俳句《はいく》をマンガにした作品《さくひん》。絵手紙《えてがみ》の発展形《はってんけい》です。）作品展《さくひんてん》では、一頁《ページ》マンガを展示《てんじ》しました。

社会見学《しゃかいけんがく》でもマンガ資料《しりょう》を見《み》ながら見学《けんがく》し、マンガ新聞《しんぶん》にまとめました。このレポート・キットを使《つか》ってメモを取《と》り、最後《さいご》には新聞《しんぶん》にまとめる活動《かつどう》をしました。「見学《けんがく》した内容《ないよう》をわかりやすく下《した》の学年《がくねん》の児童《じどう》に伝《つた》える」というめあてを設定《せってい》することで、集中《しゅうちゅう》して取材《しゅざい》できました。見学《けんがく》させていただいた新聞社《しんぶんしゃ》の方《かた》も興味《きょうみ》を持《も》ってくださり、新聞紙上《しんぶんしじょう》で紹介《しょうかい》されました。記事《きじ》を読《よ》んで、子《こ》どもたちも「認《みと》めてもらった」という満足感《まんぞくかん》を得《え》ることができました。

レポート・キット ①

NIE

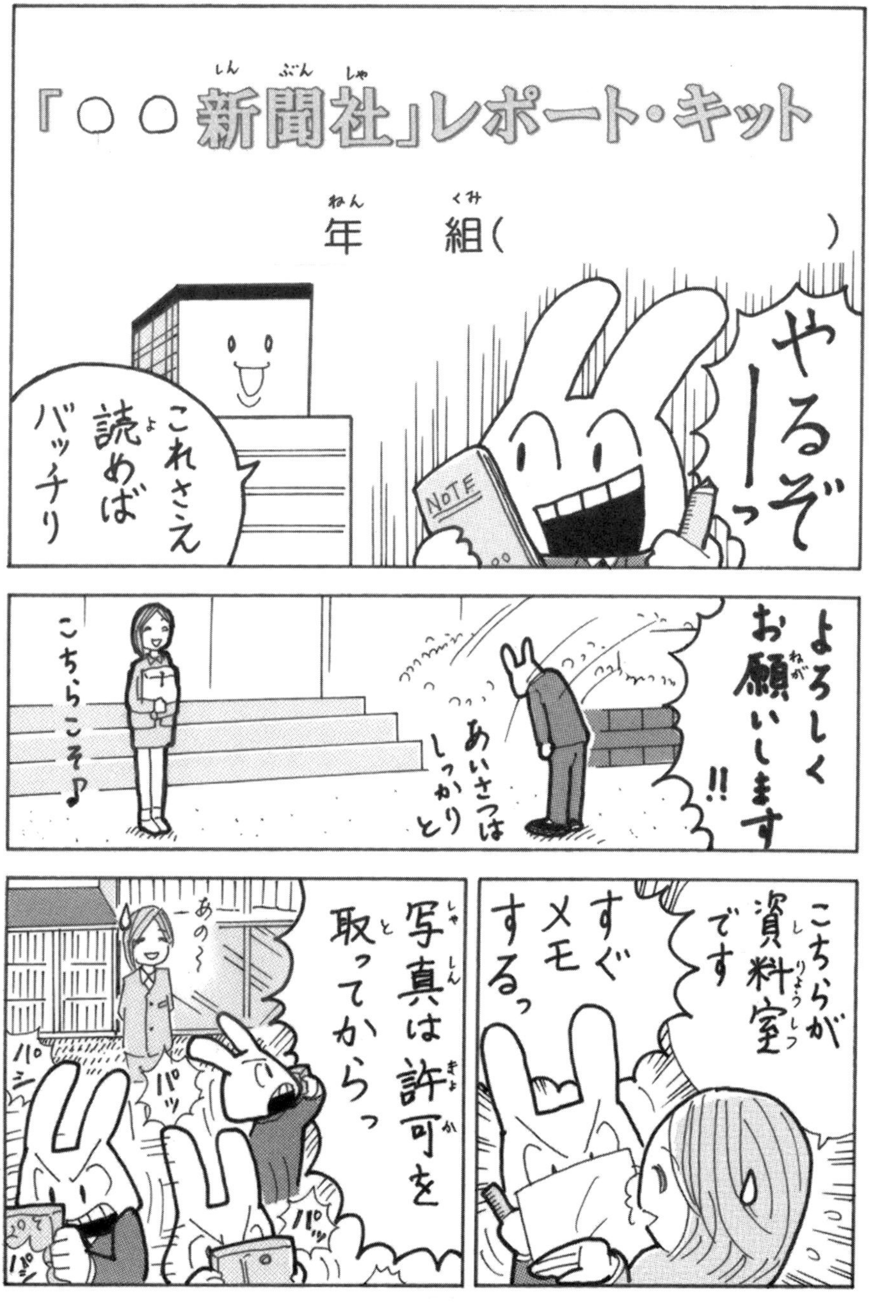

「○○新聞社《しんぶんしゃ》」レポート・キット
年《ねん》　組《くみ》(　　　　)
やるぞーっ
これさえ読《よ》めばバッチリ
よろしくお願《ねが》いします!!
あいさつはしっかりと
こちらこそ♪
こちらが資料室《しりょうしつ》です
すぐメモするっ
写真《しゃしん》は許可《きょか》を取《と》ってからっ
あの～
パシ
パッ
パッ
パシ

レポート・キット②

めっ
ピコッ
やりすぎデス
箇《か》条《じょう》書《が》きにすると後《あと》で読《よ》みやすい
資料室《しりょうしつ》
・年代別《ねんだいべつ》に整理《せいり》
・縮小版《しゅくしょうばん》を保管《ほかん》
印刷室《いんさつしつ》
・入り口《いりぐち》にロッカーがある。
きなトビラの
ホントだ
今回《こんかい》、何《なに》を中心《ちゅうしん》に書《か》くのかを
おっ
フム フム フム
考《かんが》えながら見学《けんがく》しよう
質問《しつもん》してもいいのですが
お仕事《しごと》のジャマをしないこと
ちょっと、ジャマかも

NIE

レポート・キット ③

テーマが決《き》まったら
見出《みだ》しを 五《ご》・七《しち》・五《ご》で
まとめよう
印刷《いんさつ》をする時《とき》の音《おと》ラウンドです
のだ
いよいよ内容《ないよう》を考《かんが》える
まずはネーム※
※アイディアを コマ割《わ》りしてまとめたもの。アイディア。
資《し》料《りょう》や写真《しゃしん》を見《み》ながら
下描《したが》き・清《せい》書《しょ》をしよう！
したがき
清《せい》書《しょ》
ペン入《い》れね
オリジナルキャラを使《つか》うこと!!
先生《せんせい》が描《か》いた「ヨムちゃんの社《しゃ》会《かい》見《けん》学《がく》」も参《さん》考《こう》にしてね☺

NIE

レポート・キット ④

さあ、ネームを作《つく》ろう
○○新《しん》聞《ぶん》社《しゃ》見《けん》学《がく》記《き》
見《み》出《だ》しは五《ご》、七《しち》、五《ご》で
続《つづ》きのコマ割《わ》りを!!

朝《あさ》の学習編《がくしゅうへん》

「早《はや》ね・早《はや》おき・朝新聞《あさしんぶん》」

98頁《ページ》〜102頁《ページ》を、まず読《よ》もう！

《朝《あさ》の学習《がくしゅう》》

朝《あさ》の学習《がくしゅう》に、新聞《しんぶん》は最適《さいてき》です。

読《よ》むことが苦手《にがて》な人《ひと》は、見出《みだ》しだけ読《よ》んでも効果《こうか》があります。また「スポーツ欄《らん》だけ」「テレビ欄《らん》だけ」など、興味《きょうみ》を持《も》っている頁《ページ》だけでも構《かま》いません。まずは新聞《しんぶん》に親《した》しむことが大切《たいせつ》なのです。

これは、いろんな人《ひと》が提唱《ていしょう》していますし、別段珍《べつだんめずら》しい発想《はっそう》ではありません。

私《わたし》は、それをマンガで分《わ》かりやすく説明《せつめい》したかったのです。これなら読書《どくしょ》が苦手《にがて》な児童《じどう》にも読《よ》めます。早《はや》ね・早《はや》おきは、体《からだ》と心《こころ》の調子《ちょうし》を整《ととの》えてくれます。また、朝日《あさひ》を浴《あ》びることで体調《たいちょう》も良《よ》くなります。ゆっくりと身支度《みじたく》をし、良《よ》く噛《か》んで食事《しょくじ》をすることは、大人《おとな》にも子《こ》どもにも大切《たいせつ》なことです。何《なに》より朝《あさ》ごはんが美味《おい》しく感《かん》じられるはずです。

さらに朝《あさ》の学習《がくしゅう》をすることで、一時間目《いちじかんめ》の授業《じゅぎょう》が始《はじ》まるころに、脳《のう》は丁度良《ちょうどよ》い働《はたら》きをするのです。イライラすることも少《すく》なくなり、友《とも》だちとも仲良《なかよ》く活動《かつどう》できるのです。何《なに》から何《なに》まで良《よ》いこと尽《づ》くしです。

「早《はや》ね・早《はや》おき・朝新聞《あさしんぶん》」①

早《はや》ね
9時《じ》までにフトンに入《はい》ろう!
早《はや》おき
6:30までに起《お》きよう!
日光《にっこう》をあびるジョ
身《み》じたくの後《あと》
せんがん
きがえ
トイレ
5〜10分間《ぷんかん》
新聞《しんぶん》を読《よ》むジョ!
毎朝《まいあさ》の楽《たの》しみジョ
みせて
みせて
その効果《こうか》とは!
健康《けんこう》
きそく正《ただ》しい生活《せいかつ》が身《み》につきマス
学力《がくりょく》
授業《じゅぎょう》が始《はじ》まるころに頭《あたま》の回転《かいてん》が良《よ》くなってマス
早《はや》ね
早《はや》おき
朝《あさ》新聞《しんぶん》
そして笑顔《えがお》、
元気《げんき》で楽《たの》しい一日《いちにち》が始《はじ》まるジョ

NIE

「早《はや》ね・早《はや》おき・朝新聞《あさしんぶん》」②

NIE（＝教育《きょういく》に新聞《しんぶん》を）
朝《あさ》の家庭学習《かていがくしゅう》には
新聞《しんぶん》がオススメ
朝学《あさがく》に新聞《しんぶん》を読《よ》むジョ
漢字練習《かんじれんしゅう》や計算練習《けいさんれんしゅう》もいいヨ
うん
新聞《しんぶん》を読《よ》もう
新聞《しんぶん》を読《よ》むコツがあるジョ
コツ
コツ
コツ
コツ
①まずは、好《す》きなページだけ
スポーツらん だけ
テレビらん だけ
三面記事《さんめんきじ》だけ …とか
四《よん》コマ マンガ だけ …とか
フム フム
ただし
毎日《まいにち》
つづけるコト!!
②なれてきたら、見出《みだ》しだけ
ココだジョ
内容《ないよう》をうまくまとめてあるジョ
GWの出国ラッシュ
5人に1人60歳以上
働くシニア増大
年金みなおし案
通貨制
サイバー日本
これならカンタン
③少《すこ》しずつ中身《なかみ》を読《よ》む
文章《ぶんしょう》のはじめの方《ほう》に中身《なかみ》のまとめが書《か》いてあるジョ
このあたり!!
農産物「聖域化」けん制
日本のTPP合流
重要5品目
ホー
へー
短《みじか》い時間《じかん》でも
毎日《まいにち》続《つづ》ける
ことが大切《たいせつ》ジョ
家族《かぞく》といっしょに読《よ》んだり
読《よ》んだ日《ひ》はカレンダーにシールをはったり
ボクにはらないで…
ペタ

NIE

「早《はや》ね・早《はや》おき・朝新聞《あさしんぶん》」③

新聞《しんぶん》は、読《よ》むだけじゃもったいない！
川柳《せんりゅう》にまとめるのだ
はーい
①何《なに》を読《よ》んだか五《ご》・七《しち》・五《ご》で書《か》く
㊄スポーツらん ㊆今日《きょう》も読《よ》んだよ ㊄おもしろい
とか
㊄テレビらん ㊆見《み》たい番組《ばんぐみ》 ㊄いっぱいだ
一文字《ひともじ》の多《おお》い・少《すく》ないは気《き》にしないのだ
とか
②見出《みだ》しを五《ご》・七《しち》・五《ご》に
例《たと》えば
わっ
大阪 タイマース四連勝《よんれんしょう》
㊄タイマース ㊆四回勝《よんかいか》った ㊄かっこいい！
作《つく》ったらノートやカレンダーに書《か》いておくジョ
日記《にっき》のかわりにもなるねっ
うん
③記事《きじ》を読《よ》んだ感想《かんそう》を五《ご》・七《しち》・五《ご》で書《か》く
㊄事故多《じこおお》い ㊆交通《こうつう》ルール ㊄守《まも》ろうよ
ウン
㊄いじめはね ㊆みんなでなくそう ㊄ぜったいに!!
ナルホド!!
㊄明日《あす》は晴《は》れ ㊆遠足行《えんそくい》ける ㊄ワーイ・ワイ
毎朝《まいあさ》楽《たの》しく学《まな》べるジョ
ちなみに五《ご》・七《しち》・五《ご》の十七文字《じゅうしちもじ》で書《か》いた文章《ぶんしょう》を「川柳《せんりゅう》」と言《い》う
のだ

NIE

「早《はや》ね・早《はや》おき・朝新聞《あさしんぶん》」④

では、モデルケースを
こんな風《ふう》に早《はや》ね早《はや》おき朝《あさ》新聞《しんぶん》を続《つづ》けるジョ
ハーイ
6時半《じはん》：起《お》きる
グー
W.C.
バシャ
バシャ
少《すこ》しずつ起《お》きる時刻《じこく》を早《はや》くしよう（目標《もくひょう》6時《じ》）
かぞくとのあいさつもしっかり!!
そして、新聞《しんぶん》を読《よ》む
まずはすきな記事《きじ》だけ・・・と
ごはんができたわよ
はーい
読書《どくしょ》タイムは5～10分《ぷん》ぐらい
ごはんとみそしるが理想的《りそうてき》♪
食《た》べながら川柳《せんりゅう》を考《かんが》える
天気《てんき》・スポーツ
政治《せいじ》・経済《けいざい》
地《ち》いきニュース
四《よん》コママンガ
など…
トイレで考《かんが》えるのもいいジョ
ムグムグ
ひらめいた!!
ピカッ
6月
川柳《せんりゅう》をノートやカレンダーに書《か》いて…
行《い》ってきまーす
ランドセル忘《わす》れてるわよ～
ファイト！

NIE

付録《ふろく》

「その他《た》の教材《きょうざい》マンガ」

小学生《しょうがくせい》の哲学《てつがく》

あんまちルール

スクールール
（12カ月《げつ》編《へん》・おそうじ編《へん》）

読《よ》むNIE

106頁《ページ》～139頁《ページ》を、まず読《よ》もう！

小学生《しょうがくせい》の哲学《てつがく》

これまでに、様々《さまざま》な教材《きょうざい》マンガを作《つく》って来《き》ました。いろいろな教科《きょうか》・領域《りょういき》の教材《きょうざい》を作《つく》り、児童《じどう》に配《くば》りました。全校児童《ぜんこうじどう》に配布《はいふ》したものもあります。

その一部《いちぶ》を紹介《しょうかい》します。各家庭《かくかてい》や学校《がっこう》の実態《じったい》に応《おう》じて、活用《かつよう》してもらえたら幸《さいわ》いです。

まずは「小学生《しょうがくせい》の哲学《てつがく》」。大人《おとな》になれば当《あ》たり前《まえ》のことが、子《こ》どもには分《わ》かりません。それを発見《はっけん》した時《とき》の驚《おどろ》きと成長《せいちょう》を、描《えが》きました。

大学《だいがく》の美術《びじゅつ》の授業《じゅぎょう》で「色《いろ》の感《かん》じ方《かた》は場面《ばめん》や個人《こじん》の感《かん》じ方《かた》で違《ちが》うかもしれない」と話《はな》し合《あ》ったことや、「旅行《りょこう》の帰《かえ》り道《みち》は、なぜか時間《じかん》が短《みじか》く感《かん》じられる」という思《おも》い出《で》を元《もと》に描《えが》きました。あなたにはキンモクセイの匂《にお》いに胸《むね》がキュンとなった記憶《きおく》がありませんか?

小学生《しょうがくせい》の頃《ころ》、夕日《ゆうひ》を眺《なが》めては不思議《ふしぎ》に胸《むね》を締《し》め付《つ》けられた感覚《かんかく》が表現《ひょうげん》できていれば良《よ》いのですが。

付録

小学生《しょうがくせい》の哲学《てつがく》「赤《あか》は本当《ほんとう》に赤《あか》いのか」

あっ
お父《とう》さん 赤《あか》い花《はな》が 咲《さ》いたよ
よかったな
うん
だけど、お父《とう》さんが 見《み》てる赤《あか》と
ケンジが見《み》てる 赤《あか》は同《おな》じかな
ぐにゃっ
えっ

【今週《こんしゅう》の哲学《てつがく》】 同《おな》じ赤《あか》でも、友《とも》だちとは少《すこ》しちがう赤《あか》かも。感《かん》じ方《かた》は、一人《ひとり》一人《ひとり》ちがうからね。

付録

小学生《しょうがくせい》の哲学《てつがく》「帰《かえ》り道《みち》はなぜ近《ちか》い」

キキッ
ねえ
バン
帰《かえ》りは時間《じかん》が短《みじか》く感《かん》じるね
確《たし》かに
そうだな
年《とし》をとると一年《いちねん》が短《みじか》く感《かん》じるよ
ドロ
!!

【今週《こんしゅう》の哲学《てつがく》】そう思《おも》うのは、君一人《きみひとり》じゃない。帰《かえ》り道《みち》がはやく感《かん》じるのは、楽《たの》しかったせいでもあるよ。

小学生《しょうがくせい》の哲学《てつがく》「いい匂《にお》いって切《せつ》ない」

あ、キンモクセイ
いい匂《にお》いだね
でも何《なに》か寂《さび》しい気分《きぶん》になるよ
HIGASHI
どうしてかなァ
今《いま》までにはそう感《かん》じたことがないとしたら
好《す》きな娘《こ》でもできたのかい？

【今週《こんしゅう》の哲学《てつがく》】青空《あおぞら》を見上《みあ》げると泣《な》きたくなったり、美《うつく》しい曲《きょく》を聴《き》くと走《はし》り出《だ》したくなったりするのさ。

付録

小学生《しょうがくせい》の哲学《てつがく》「かっこいい？悪《わる》い？」

たとえば転《ころ》んだ時《とき》
Ⓐふつうに起《お》きる
Ⓑヘラヘラ笑《わら》う
どっちがカッコいいって、
うーん
Ⓐかな
でも、ふだんはつい笑《わら》ってごまかさない？
うん・・
ごまかす態度《たいど》が一番《いちばん》カッコ悪《わる》いんだ
あっ

【今週《こんしゅう》の哲学《てつがく》】ごまかさず、ありのままに生《い》きる方《ほう》がかっこいいよ。それは案外《あんがい》、むずかしいことなんだけど。

付録

小学生《しょうがくせい》の哲学《てつがく》「友《とも》だちは何人必要《なんにんひつよう》？」

友《とも》だち百《ひゃく》人
できるかな～♪
それじゃあ一人《ひとり》きりに
なる時間《じかん》がなくなるよ
一人《ひとり》は
寂《さび》しいから
いいや
でもね
一人《ひとり》でいる時《とき》に
心《こころ》が育《そだ》つんだ
へー
人生《じんせい》って
難《むずか》しいね
そう。そして
素晴《すば》らしいもの
なんだよ

【今週《こんしゅう》の哲学《てつがく》】たくさん本《ほん》を読《よ》もう。良《よ》い本《ほん》には、いろんな人生《じんせい》の答《こた》えが書《か》いてあるからね。

付録

あんまちルール

「あんまちルール（安全《あんぜん》な街《まち》づくりルール）」は、私《わたし》が生活指導主任《せいかつしどうしゅにん》をしているときに作《つく》ったポスター用《よう》マンガです。実際《じっさい》に児童《じどう》に配布《はいふ》したり、校内《こうない》に掲示《けいじ》したりもしました。

長期休暇《ちょうききゅうか》の前後《ぜんご》に、生活指導《せいかつしどう》の話《はなし》をするのですが、なかなか子《こ》どもたちの心《こころ》に響《ひび》きません。毎回同《まいかいおな》じような注意《ちゅうい》をしても、「心配《しんぱい》ないって。そんな危険《きけん》なことは、自分《じぶん》たちの周《まわ》りには起《お》こらないから。」と、変《へん》に安心《あんしん》しきっている様子《ようす》が気《き》になりました。

マンガにすることで、安全《あんぜん》について関心《かんしん》を持《も》ってほしいと思《おも》いました。そして、「今《いま》でもマンガを家《いえ》に貼《は》っています」などと児童《じどう》に言《い》われると、本当《ほんとう》に嬉《うれ》しくなります。生活《せいかつ》に潜《ひそ》む危険《きけん》を実感《じっかん》して欲《ほ》しかったのです。

マンガだと内容《ないよう》が伝《つた》わりやすく、ポスターにして貼《は》っておくと何度《なんど》でも読《よ》み返《かえ》してもらえるので効果的《こうかてき》です。

是非《ぜひ》、町内会《ちょうないかい》の掲示板《けいじばん》や家庭《かてい》にも貼《は》って欲《ほ》しいですね。

付録

あんまちルール「知《し》らない人《ひと》にはついて行《い》かない」

あんまちルール「あやしいと思《おも》ったら逃《に》げる」

逃《に》げる時《とき》は広《ひろ》い場《ば》所《しょ》へ
大人《おとな》のいる場《ば》所《しょ》へ
はーっ
はっ!!!
前《まえ》をよく見《み》て
ドドーン
は…い…
相手《あいて》を 怒《おこ》らせたり しげきしたり しないぃ!!
からかわない
べーッ
ダッ
やり返《かえ》さない
ドン
イヤだな…と感《かん》じたらすぐに逃《に》げるんだぜ
まよわずにねっ
みんなにはノビノビ自由《じゆう》に生《い》きる権利《けんり》があるんだぜ!!
はーい

付録

あんまちルール「必《かなら》ず大人《おとな》に相談《そうだん》しよう」

怖《こわ》い目《め》にあったらすぐ家《いえ》の人《ひと》に言《い》うんだぜ
ママ!!
まあっ
けいさつ・学校《がっこう》にも伝《つた》えよう
大切《たいせつ》な君《きみ》を必《かなら》ず守《まも》ってくれるぜ
こわかった
ギュッ
こども110ばんの家《いえ》や
こども 110ばん
お店《みせ》の人《ひと》にも助《たす》けてもらおうぜ
ドーナツ
ドーナツ
あん入り
もし友《とも》だちが困《こま》っていたら
自分《じぶん》で何《なん》とかしようとせず
大人《おとな》をよぼう

あんまちルール「ふだんから安全《あんぜん》に気《き》をつけて」

ふだんから安全《あんぜん》に気《き》をつけるんだぜ
キケンな場所《ばしょ》に行《い》かない
ダメ
立入禁止《たちいりきんし》
暗《くら》くなるまで遊《あそ》ばない
ダメ
家《いえ》のカギは見《み》えないように
ダメ
ダメ
一人《ひとり》だけで外遊《そとあそ》びしない
など
これが
あんまちルールだぜ
守《まも》ろう!!

付録

家《いえ》でも学校《がっこう》でも
安全《あんぜん》で楽《たの》しい毎日《まいにち》をすごすんだゼ!!

スクールール

さて「スクールール（スクールのルール）」ですが、これは中々《なかなか》に大《おお》がかりな取《と》り組《く》みでした。やはり生活指導主任《せいかつしどうしゅにん》のときに実践《じっせん》しました。
大抵《たいてい》の小学校《しょうがっこう》では、毎月《まいつき》の月目標《つきもくひょう》を設定《せってい》しています。朝礼《ちょうれい》や学級《がっきゅう》の授業《じゅぎょう》で指導《しどう》します。目標《もくひょう》を書《か》いたポスターを掲示《けいじ》します。各学級《かくがっきゅう》でも告知《こくち》します。
しかし、毎年《まいとし》・毎月同《まいつきおな》じように説明《せつめい》しても児童《じどう》の耳《みみ》を通《とお》り過《す》ぎがちです。児童《じどう》がきまりについて興味《きょうみ》を持《も》って考《かんが》える方法《ほうほう》はないのかと思案《しあん》しました。
そこで十二カ月間《げつかん》、毎月全校児童《まいつきぜんこうじどう》にこのマンガを配布《はいふ》しました。
児童《じどう》からは「内容《ないよう》がよくわかりました」「何回《なんかい》もくり返《かえ》し読《よ》みました」などの感想《かんそう》をもらいました。
最後《さいご》の月《つき》に表紙《ひょうし》を配《くば》って、一冊《いっさつ》の本《ほん》に仕上《しあ》がるという寸法《すんぽう》です。
次《つぎ》の年《とし》になっても大切《たいせつ》に保管《ほかん》してくれる児童《じどう》もいて、感動《かんどう》しました。

スクールール「4月《がつ》：登校時刻《とうこうじこく》を守《まも》ろう」

おはよう
先生《せんせい》、おはようございます
まだ8時《じ》だ
早《はや》すぎたね
え〜っ
ズーン
なんで!?
せっかく早《はや》起《お》きしたのに
なんでダメなの!?
バタ
バタ
本校《ほんこう》の登校時間《とうこうじかん》は 8:05〜8:25
早《はや》すぎると人《ひと》が少《すく》なくてキケンなんだよ
不《ふ》しん者《しゃ》とか…
ぱあーーっ
そっか
わかった
もちろん チコクもやめよう!

付録

スクールール「5月《がつ》：廊下《ろうか》、階段《かいだん》を正《ただ》しく歩《ある》こう」

廊下《ろうか》を正《ただ》しく歩《ある》きなさい
はーい
ハイ
ゾウ先生《せんせい》
ドッ
「正《ただ》しく」ってどういうこと?
まずは静《しず》かに歩《ある》くこと
そして右側《みぎがわ》を通《とお》ることだよ
なんで右側《みぎがわ》なの!?
みんなが右側《みぎがわ》を歩《ある》けば
ぶつからないからだよ
おー
ぽわ〜ん
そっか
わかった
授業中《じゅぎょうちゅう》は特《とく》に静《しず》かにね

付録

スクールール「6月《がつ》：物《もの》を大切《たいせつ》にしよう」

道具《どうぐ》は、ていねいにあつかおう
うりゃっ
ボールは友《とも》だち
バシッ
ほうきも友《とも》だち
ワシも大切《たいせつ》にして…
サッ
サッ
モァ〜
後《あと》かたづけをきちんとしよう
スッキリ
コトン
スッキリ
パタン
……
パタン
てく
てく
てく
かたづけは
気分《きぶん》がいいんだねっ
スッキリ
その通《とお》り
ぴょ〜ん

スクールール「7月《がつ》：ごみすて、整理《せいり》・整《せい》とんをしよう」

ごみは、ごみ箱《ばこ》にすてよう
ポイ
身《み》の回《まわ》りの整理《せいり》・整《せい》とんをしよう
ビシィ
なんで!?
わっ
ビクッ
そんなのあたり前《まえ》のことでしょ!
あたり前《まえ》がなかなかできないんだよ
理科室
ニッコリ
そっか
わかった
先生《せんせい》もニッコリ

付録

スクールール「8月《がつ》：楽《たの》しい夏休《なつやす》み」

海《うみ》だ
山《やま》だ
ヤッホー
ヤッホー
フー
昼寝《ひるね》だ
グ、
カー
夏休《なつやす》みって最高《さいこう》☆
うん!
早《はや》ね早《はや》おきも忘《わす》れずに!
ズッ
ズーーン
なんで!?
夏休《なつやす》みぐらいいいじゃない!!
夜《よ》ふかしが続《つづ》くと・・
新学期《しんがっき》に早《はや》ね早《はや》おきできなくなるからだよ
シャク
わかった
さあ、あそぶぞー
ピョン

付録

スクールール「9月《がつ》：早《はや》おきをしよう」

タッ タッ タッ
セーフ
これ これ
ビュン
走《はし》るとあぶないよ
はーい
ハァ ハァ
ズズーン
なんで!?
フーッ
走《はし》らないとチコクだよ
大阪市立大
走《ばし》らなくてもいいように…
ばば〜ん!
わかった もっと早《はや》起《お》きするんだね
その通《とお》り
パタパタ…

スクールール「10月《がつ》：廊下《ろうか》で遊《あそ》ばないようにしよう」

コロコロ
ああ・・・
ポーン
ポーン
ゾウ先生《せんせい》
ごめんなさい…
楽《たの》しそうだね
はい
でも、やってはいけない遊《あそ》びだよ
なんで!?
ぼくが悪《わる》いんだよ
じゃあ外《そと》で一緒《いっしょ》に遊《あそ》ぼう
キャー
なんで君《くん》ありがとう
6-2

付録

スクールール「11月《がつ》：ほうきを正《ただ》しく使《つか》おう」

ズズズズ
パンダ君《くん》、道具《どうぐ》は、正《ただ》しく使《つか》おう
えっ!?
どこがちがうの？
ほうきは後《うし》ろから・・
サッ
サッ
前《まえ》にはく
ゴホ
ゴホ
フム
フム
そうじ機《き》は押《お》してるよ!!
ほうきを押《お》すと先《さき》が曲《ま》がるからね
のほ〜ん♪
わかった
片《かた》づけもしっかりと!!
はーい

スクールール「12月《がつ》：友《とも》だちと仲良《なかよ》くしよう」

バイ　バーイ
またね
パンダ君《くん》の話《はなし》は面白《おもしろ》いね
うん
ぼくはダメだな　面白《おもしろ》い話《はなし》もできないし
そんなことないよ
キツネ君《くん》は楽《たの》しそうに話《はなし》を聞《き》いてくれるじゃない
なんで!?
みんな、楽《たの》しそう　なんで　なのかナ
友《とも》だちだからだよ
わかった
一緒《いっしょ》に遊《あそ》ぼうよ！

スクールール「1月《がつ》：気持《きも》ちのいいあいさつをしよう」

8時《じ》10分《ぷん》
おはよう
おはようございます
おはよう
おはよう
キラーン
おはようございます！
おはよう！
ありがとう
なんで!?
お礼《れい》を言《い》われちゃった
気《き》持《も》ちのいいあいさつがうれしいからだよ
わーい ほめられた
早起《はやお》きしてよかった!!
おはよう
おはようございます

スクールール「2月《がつ》：階段《かいだん》で遊《あそ》ばないようにしよう」

ジャンプ
すご〜い
5段《だん》だよ
ポン
またまたゾウ先生《せんせい》…
またまたパンダ君《くん》か…
ドム
なんで!?
早《はや》い…
階段《かいだん》からジャンプすると危《あぶな》いからね
ビシッ
危《あぶな》いぞ
じゃあ外《そと》で遊《あそ》ぼうよっ
うん

スクールール「3月《がつ》：学校《がっこう》を美《うつく》しくしよう」

あ、ゴミが落《お》ちてる
サッ
なんで君《くん》、えらいね
なんで!?
わっ
気《き》がついても拾《ひろ》わない人《ひと》って多《おお》いからね!
ふーん
じゃあ一緒《いっしょ》に学校《がっこう》をキレイにしようか
うん

付録

≪スクール（おそうじ編《へん》≫は、
掃除《そうじ》の仕方《しかた》を指導《しどう》する際《さい》に
使用《しよう》します。掃除用具《そうじようぐ》入《い》れに
貼《は》っておくと役立《やくだ》ちます。
清掃活動《せいそうかつどう》も立派《りっぱ》な教育《きょういく》です。
みんなで学校《がっこう》をピカピカに
して欲《ほ》しいですね。

スクールール「おそうじ編《へん》：はきそうじ」

まず窓《まど》をあけて
ホコリをおい出《だ》そう
ガラッ
後《うし》ろから前《まえ》へ掃《は》く
ほうきの先《さき》をうかすように
同《おな》じところを2回《かい》ずつ掃《は》くつもりで!!
部屋《へや》の周《まわ》りから中心《ちゅうしん》に向《む》かって
掃《は》く
ろう下《か》も同《おな》じ
ゴミは何《なん》か所《しょ》かにわけて集《あつ》める
わざわざ遠《とお》くまで動《うご》かさない
ちりとりで取《と》って
ゴミ箱《ばこ》へ
終了《しゅうりょう》!!
パタン
ピカ
ピカ

付録

スクールール「おそうじ編《へん》：ふきそうじ」

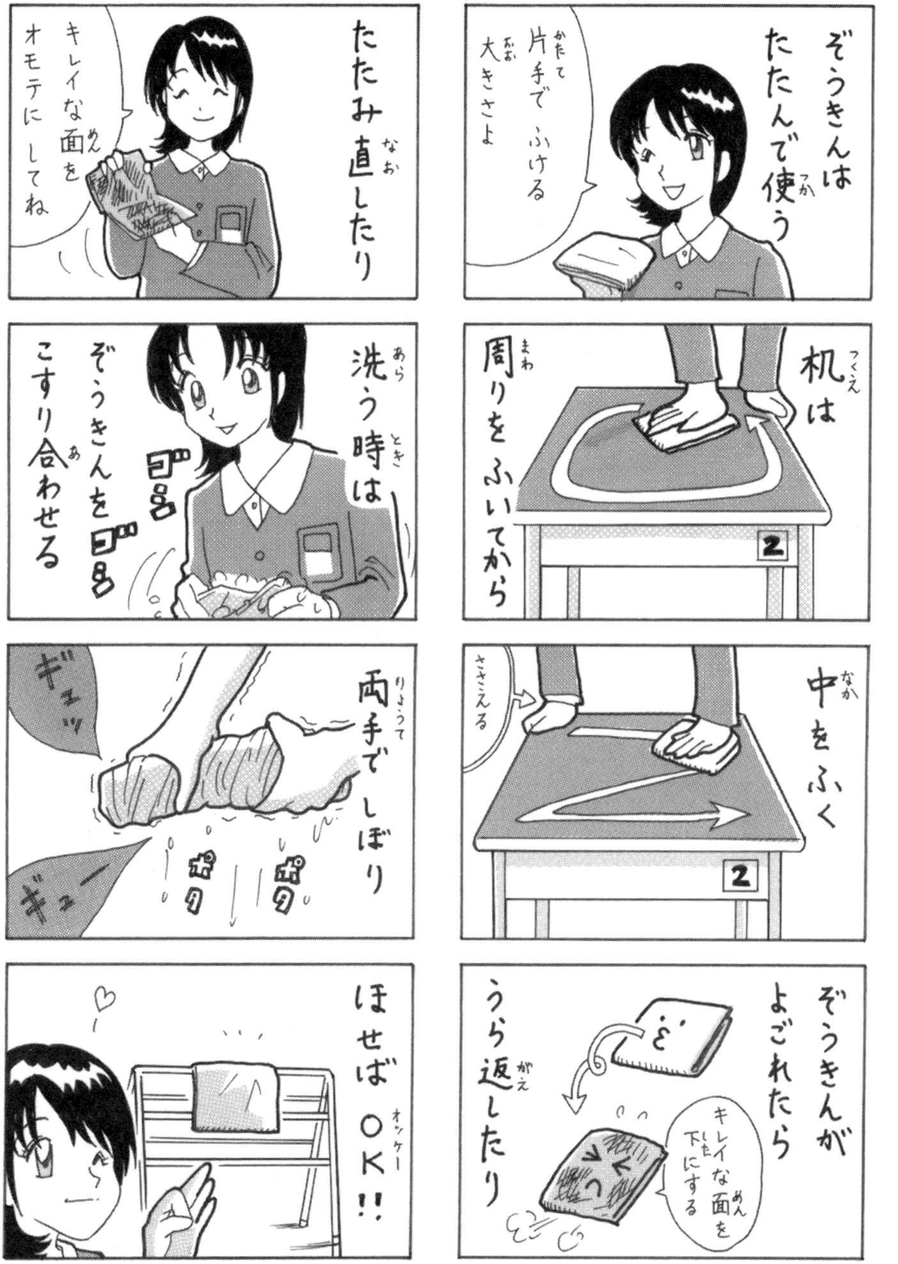

ぞうきんは たたんで使《つか》う
片手《かたて》で ふける 大《おお》きさよ
机《つくえ》は 周《まわ》りを ふいてから
中《なか》を ふく
ささえる
ぞうきんが よごれたら うら返《かえ》したり
キレイな面《めん》を下《した》にする
たたみ直《なお》したり
キレイな面《めん》を オモテに してね
洗《あら》う時《とき》は ぞうきんを こすり合《あ》わせる
ゴシゴシ
両手《りょうて》で しぼり
ギュッ
ギューッ
ポタ ポタ
ほせば OK《オッケー》!!

付録

読《よ》むＮＩＥ

『ヨムちゃん』は、体験型《たいけんがた》のＮＩＥ教材《きょうざい》です。読《よ》むだけでなく実際《じっさい》に新聞作《しんぶんづく》りができるような作《つく》り方《かた》をしました。

対《たい》して『読《よ》むＮＩＥ』は、「ＮＩＥとは何《なに》か」を知《し》るのに最適《さいてき》なマンガです。ごく基本的《きほんてき》な部分《ぶぶん》をマンガに描《えが》いたので低学年《ていがくねん》の児童《じどう》にも大人《おとな》にも、理解《りかい》しやすい内容《ないよう》です。

まずは新聞《しんぶん》の見出しを眺めて、食卓《しょくたく》で話題《わだい》にしてみてください。次《つぎ》に興味《きょうみ》ある記事《きじ》だけでも読《よ》むようにしてください。新聞《しんぶん》を読《よ》まなかったのに、毎朝新聞《まいあさしんぶん》を眺《なが》めるようになった児童《じどう》もいます。きっかけを尋《たず》ねると、「家族《かぞく》が、記事《きじ》の内容《ないよう》を説明《せつめい》してくれた」「テレビのニュースで話題《わだい》にしていたから読《よ》んでみた」など、様々《さまざま》です。

もちろん、この「読《よ》むＮＩＥ」をきっかけに新聞《しんぶん》を読《よ》むようになった児童《じどう》も多数《たすう》います。是非《ぜひ》、どうぞ。

付録

読《よ》むNIE ①

オーちゃん、新聞《しんぶん》読《よ》んどるか？
おっす、にっちゃん
OSAKA NICHINICHI
新聞《しんぶん》か…ムズカシないか？
好《す》きなトコだけ読《よ》んだらエエねん
5−1
ほんならオレはスポーツ欄《らん》だけや
ズガーン
それでエエねん!!
ニッ
習《なろ》てない漢字《かんじ》があるわ
そんなもんとばし読《よ》みや
そのうち、わかる
大体《だいたい》の内容《ないよう》がわかればエエねん
にっちゃん、オレも毎日《まいにち》読《よ》むわ
ズガーン
ニッ
そう、それが大事《だいじ》や

付録

読《よ》むNIE ②

オーちゃん 新聞《しんぶん》読《よ》んどるか？
ああ、スポーツ欄《らん》だけな
5分間《ふんかん》でエエから
毎日《まいにち》な!!
毎朝《まいあさ》、ごはんの前《まえ》に読《よ》んでるで
ズザー…ッ
それが大事《だいじ》やねん
ニッ
新聞《しんぶん》タイムを決《き》めときーや!!
にっちゃん
ん？
地元《じもと》、大阪《おおさか》の記事《きじ》も読《よ》んでるねん
オモロイで
おおっ
ちょっとずつ読《よ》むトコ増《ふ》えてるで
ズザー…ッ
読《よ》む力《ちから》がついてるやん
ニッ

付録

読《よ》むNIE ③

ザザー
父《とう》ちゃん、明日《あした》は雨《あめ》らしいで
ほう
新聞《しんぶん》に書《か》いとった
ウム…
そうか
ズガーン
わっ
ザバ
ニッ
家族《かぞく》で記事《きじ》の話《はなし》をしよなっ
母《かあ》さん
野菜《やさい》が値上《ねあ》がりするねんて
パク
ズガーン
私《わたし》も読《よ》んだで電子新聞《でんししんぶん》でな
ニッ
やるな…母《かあ》さん
電子版《でんしばん》(デジタル版《ばん》)も活用《かつよう》しよなっ

付録

読《よ》むNIE ④

新聞《しんぶん》で授業《じゅぎょう》①
記事《きじ》を選《えら》んで
解説《かいせつ》を書《か》こう
感想《かんそう》を書《か》く
5-1
(にっちゃん)
発見!!
○○新聞
コラム
教室《きょうしつ》にはって
読《よ》み比《くら》べよう
ニッ

5-1
新聞《しんぶん》で授業《じゅぎょう》②
同《おな》じ記事《きじ》を
比《くら》べよう
A新聞《しんぶん》
B新聞《しんぶん》
違《ちが》いをまとめるねん
A
B
5-1 (にっちゃん)
新《あたら》しい発見《はっけん》が
あるはずや
ニッ

読《よ》むNIE ⑤

新聞《しんぶん》で授業《じゅぎょう》③
ニュースを紹介し
・自分　けた記
・まとめた　内容を
ニュースを紹介《しょうかい》し合《あ》おう
日本列島
写真《しゃしん》やビデオも使《つか》ってプレゼンしよう
ニッ
感想《かんそう》も言《い》い合《あ》おうや
新聞《しんぶん》で授業《じゅぎょう》④
ああ
次《つぎ》の授業《じゅぎょう》はディベートやな
バシャ
バシャ
いろんな意見《いけん》を出《だ》し合《あ》うんや
楽《たの》しみやで
オレもがんばろ
おう
ニッ

付録

読《よ》むNIE ⑥

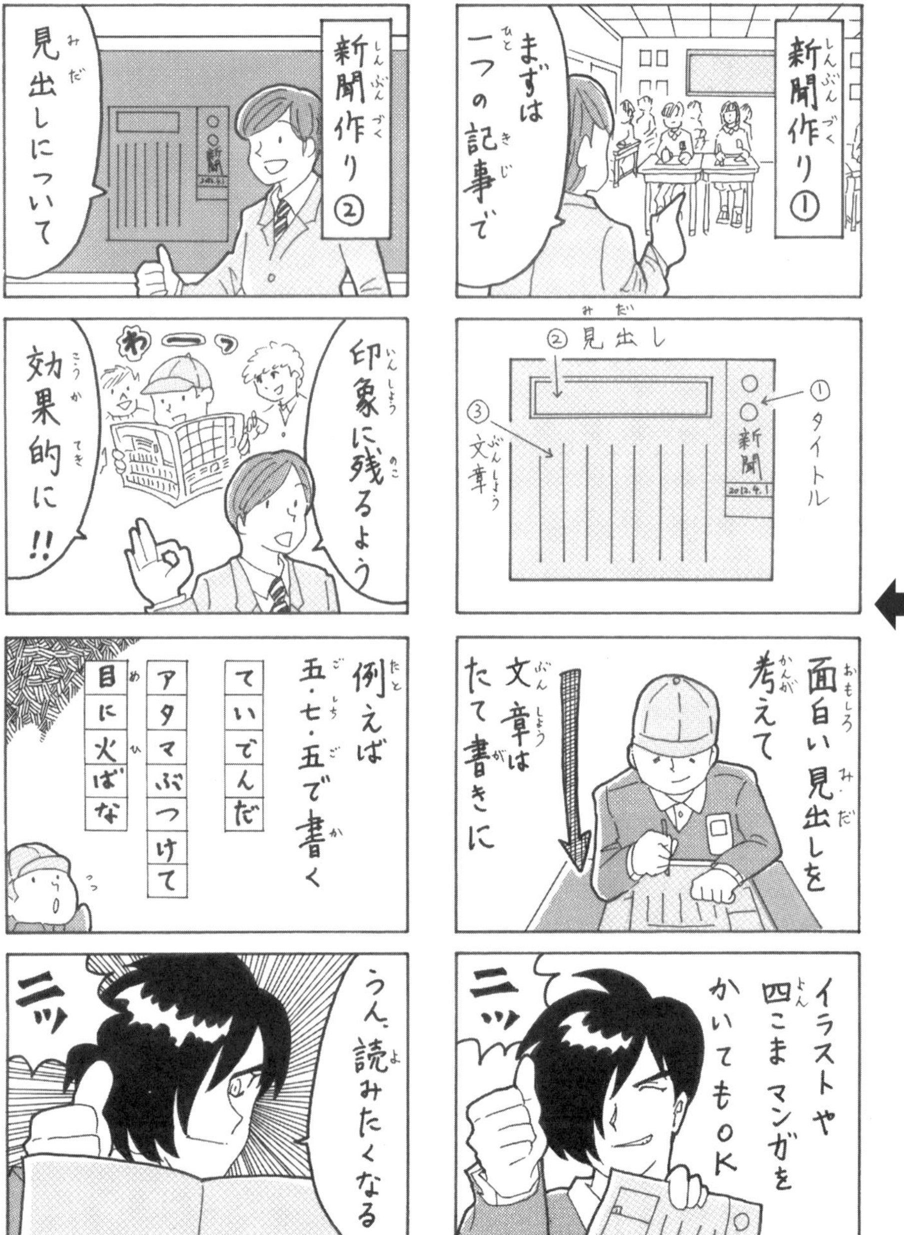

新聞作《しんぶんづく》り①
まずは一《ひと》つの記事《きじ》で
①タイトル
②見出《みだ》し
③文章《ぶんしょう》
新聞
2012.4.1
面白《おもしろ》い見出《みだ》しを考《かんが》えて
文章《ぶんしょう》はたて書《が》きに
イラストや四《よん》こまマンガをかいてもOK
ニッ
新聞作《しんぶんづく》り②
見出《みだ》しについて
印象《いんしょう》に残《のこ》るよう
効果的《こうかてき》に!!
わーっ
例《たと》えば五《ご》・七《しち》・五《ご》で書《か》く
ていでんだ
アタマぶつけて
目《め》に火《ひ》ばな
つっ
うん、読《よ》みたくなる
ニッ

付録

読《よ》むNIE ⑦

新聞作《しんぶんづく》り③
表現《ひょうげん》を工夫《くふう》しよう
写真《しゃしん》や
グラフ
四《よん》こまマンガ等《など》
これオレの!!
ええやろ
ニッ
作《つく》った新聞《しんぶん》を
読《よ》み合《あ》おう
すごーーい
ニッちゃんの新聞《しんぶん》おもしろいわ♡
ニッ

付録

おわりに

児童《じどう》は褒《ほ》めて伸《の》ばすべきだと信《しん》じています。一人《ひとり》ひとりの美点《びてん》を、しっかり認《みと》めてあげてください。国語《こくご》で言《い》えば、「音読《おんどく》が上手《じょうず》になったね」「随分前《ずいぶんまえ》に言《い》った話《はなし》を、よく覚《おぼ》えていたね」「分《わ》かりやすく説明《せつめい》ができたね」「漢字《かんじ》が丁寧《ていねい》に書《か》けたね」など、何《なん》でも構《かま》いません。

ポイントは「前《まえ》より良《よ》くなった点《てん》」を「具体的《ぐたいてき》に説明《せつめい》」して、伝《つた》えることです。情操教育《じょうそうきょういく》はその成果《せいか》が見《み》えやすく、児童《じどう》どうしで成長《せいちょう》を確《たし》かめ合《あ》うことができます。

大人《おとな》が「難《むずか》しい」ものだと考《かんが》えがちな俳句《はいく》ですが、児童《じどう》はのびのびと、楽《たの》しい作品《さくひん》を作《つく》り出《だ》します。実際《じっさい》、児童《じどう》は「自由《じゆう》な発想《はっそう》」と「素晴《すば》らしい能力《のうりょく》」を持《も》っています。しかも、大人《おとな》が四苦八苦《しくはっく》している隣《となり》で何句《なんく》も作《つく》ったりできるのです。

このように家庭《かてい》で学校《がっこう》で日常的《にちじょうてき》に取《と》り組《く》むことで、ますます児童《じどう》の国語力《こくごりょく》がアップして国語《こくご》・算数《さんすう》・社会《しゃかい》・理科《りか》などの読解力《どっかいりょく》がつき、学力《がくりょく》・成績《せいせき》が向上《こうじょう》します。楽《たの》しく成長《せいちょう》し高《たか》め合《あ》うことができれば最高《さいこう》です。

マンガで説明《せつめい》しているので読《よ》みやすく、繰《く》り返《かえ》し確認《かくにん》できます。
どれも実際《じっさい》に授業《じゅぎょう》で使《つか》っているマンガ教材《きょうざい》です。「わかりやすい」と好評《こうひょう》を得《え》ることもできました。
児童《じどう》の反応《はんのう》を励《はげ》みに、今《いま》も新《あたら》しいマンガ教材《きょうざい》を作《つく》り続《つづ》けています。
本書《ほんしょ》をきっかけに、どんどん親子《おやこ》で創作《そうさく》を楽《たの》しんでください。

〈プロフィールマンガ〉

将来《しょうらい》の夢《ゆめ》は「マンガ家《か》」。
いつも怒《おこ》ってる
そのころのキャラクタ
← こどものころ
高校時代《こうこうじだい》に初投稿《はつとうこう》。
でも落選《らくせん》。
ゴオオ
電車《でんしゃ》をおいかける話《はなし》。
大学卒業後《だいがくそつぎょうご》、デザイナーに。
朝《あさ》、仕事《しごと》
昼《ひる》、仕事《しごと》
夜《よる》仕事《しごと》
おおおお
退職後《たいしょくご》に、マンガが三度《さんど》、入選《にゅうせん》。
カゼばっかりひいてました。
暗黒《あんこく》のフリーター時代《じだい》。
今《いま》は教師《きょうし》をしながらマンガを描《か》いています。
幸《しあわ》せ♪
小学理科
けん玉
十年後《じゅうねんご》、ぼくは何《なに》をしているのでしょうね〜

ご購読《こうどく》ありがとうございました。

■著者プロフィール

樽木　厚（おおてき あつし）

1969年　京都府京都市生まれ
大阪教育大学（教育学部・小学校美術）卒業。
デザイン会社勤務を経て小学校教諭に。

【受賞歴】『ヤングアニマル』（白泉社）月間新人賞　奨励賞
『ヤングアニマル』（白泉社）月間新人賞　ピックアップ賞
『グランドチャンピオン』（秋田書店）月間新人賞　期待賞
【著　書】『マンガでわかる小学理科』樽木厚・著（浪速社）
『けん玉で集中力を養う』矢野博幸・著 / 樽木厚・絵（浪速社）
『マンガでわかる！あなたと日本の未来を変える教育法「褒め結び」』
加星宙麿・著 / 樽木厚・絵（デザインエッグ社）
【マスコミ関係】
関西テレビ『ゆうがた LIVE　ワンダー（熱血おしえびと）』
MBS ラジオ『子守康範　朝からてんコモリ！』
NHK ラジオ第1放送『関西ラジオワイド』
朝日新聞・産経新聞・毎日新聞・読売新聞（50音順）他

※「五行詩・川柳・俳句・短歌・付録」の各頁マンガは、大阪日日新聞
（平成24年3月23日～平成27年10月9日の期間内に掲載）より転載。

マンガで小学国語力《しょうがくこくごりょく》アップ
— 小学生《しょうがくせい》から大人《おとな》まで —

二〇一六年六月十七日　初版第一刷発行

著者
樽木　厚（文・絵）

発行者
杉田宗詞

発行所
図書出版　浪速社
〒五四〇-〇〇三七
大阪市中央区内平野町二-二-七-五〇二
電　話（〇六）六九四二-五〇三二
FAX（〇六）六九四三-一三四六

印刷・製本
モリモト印刷（株）

Printed in Japan　ISBN978-4-88854-499-3 C8037

《新刊予告》

『マンガでわかる小学理科（3・4・5・6年生編）』
に続く新刊・・・

『マンガでわかる小学理科問題集
（3・4・5・6年生編）』樗木厚（文・絵）【浪速社】

ただいま準備中です！